Applied Behavior Analysis Management

自律型社員を育てる「ABA マネジメント」

部下を動かし、モチベーションを上げて、業績もアップ!

人事コンサルタント
社会保険労務士
榎本あつし

アニモ出版

はじめに

古いマネジメントから脱却し、
行動に直接働きかける次世代マネジメントへ

◎誰もが自律型社員を探している

「自律型の社員に来てほしいんだよ。榎本さん、どこかにそんないい人はいないかね」

私は、小さな会社向けの人事コンサルティングの仕事をしていますが、多くの経営者、管理職の方から本当によく、このようなご相談を受けます。

そのようなとき、決まって次のように答えています。

「社長、大手で上場している会社でも、そんな社員を喉から手が出るほどほしい、と言っていますよ。でも、大手でもなかなか採用できない。もし、いたとしても、御社に来てくれることは難しいかも…ですね」

そして、こう付け加えます。

「でも、社長。それなりのフツーの社員を、自社で育てることはできます。自社で自律型社員に育成するのです。実は、その方法があるんです。知りたいですか?」

すると、社長さんはこう言います。

「榎本さん、そりゃぜひ知りたいよ。やっぱり、あれか、『意識を変える』とか、『やる気を引き出す』とか、そういう研修みたいなものをやってくれるのかい?」

そこで私は、こう答えます。

「いえ、社長、違います。私が行なうのは『ＡＢＡ』という行動科学を用いて、『行動』に直接アプローチをする人材育成手法です。昔からよくいわれている、人の『意識』とか『やる気』などを何と

かしようというアプローチではありません。

　では、『ＡＢＡ』という行動科学を使ったこの人材育成法がいったいどんなものか、詳しく説明しますね。

　自律型社員は探すものではなく、育成するものということが、きっとわかっていただけると思います」

◎「自律型社員」は後から育成できる

　この本を読んでいただく方に、一番伝えたい点は、次の二つです。

①自律型社員は育成できるもの
②「意識」や「やる気」を変えるのではなく、「行動」を変える

　先ほどの、社長の話にもあったように、「自律型社員」はもともと生まれつきのものであって、会社に入ってから育成するようなものではない、となんとなく思っている方が多いのではないでしょうか。

　しかし、そのようなことは決してありません。

　詳しくは、本文で説明していきますが、どんな人間でも、後から変えること、変わることは可能です。

　逆にいえば、どんなに「自律型」であった人でも、後からダメになってしまうこともあります。すべて、とまでは言いませんが、大部分は職場の環境次第なのです。

　人の性格や人間性は、社会人になるまでの家庭環境や学校環境などにより、ある程度形成されてはいます。しかし社会人になってからの職場環境に、人はかなりの時間、身をおくことになります。

　その職場が、「自律型」であることが適している職場であれば、自然と人は適応していくようになります。逆も然りです。

　この本では、なぜ職場環境により自律型に適応していくのか、その根拠となる行動科学の理論を前半部分で、そして、実践面での職

場づくりのやり方や具体的な事例を後半部分で説明することとします。

◎「意識」を変えるのではなく「行動」を変える

　もう一つ、この本で伝えたいことは、世の中で当たり前となっている考え方を変えてほしい、という点です。

　その当たり前となっている考え方とは、

　【「意識」が変わることで「行動」が変わる】

　というもの。最初に意識があり、それが行動を引き起こす、という考え方です。

　この本のテーマである「ＡＢＡマネジメント」では、人の意識というものには、アプローチしていきません。直接、行動を変えるアプローチをしていきます。

　「ＡＢＡマネジメント」の基礎となっている「ＡＢＡ」とは、「**応用行動分析学**」（Applied Behavior Analysis）という学問です。

　学問のジャンルとしては、心理学になりますが、そのなかでも少し特殊で、心理学なのに、心のなかは見ずに、目に見える行動を徹底的に測定して、その法則を導き出し応用するという学問です。

　それゆえに「**徹底行動主義**」といわれます。

　心理学は、流行り廃りも多く、なかには少し眉をしかめるほど、エビデンス（根拠や証拠）があいまいで、怪しいものもあったりします。「心理」という目に見えないものに関することなので、客観的に証明することは難しいのが、その要因なのかもしれません。

　ＡＢＡ（応用行動分析学）は、大学の心理学講義の基礎にもあるように、どちらかというと古くからある堅い学問で、アメリカを中心として、1960年代から数限りない実験、検証が、大学の研究者たちを中心に行なわれています。十分なエビデンスがあり、学問の一つとして確立されています。

一方で、その堅さや、学問としての要素が高いため、あまり世の中一般には広まっていないという面があります。

　簡単にいってしまうと、世の中の「受け」が悪いのです。

　しかし、人の行動を変えるという点においては、このＡＢＡ（応用行動分析学）は、本当にすごい力を発揮します。

　人はなぜ、このような行動をするのか、逆に、なぜ行動しないのか。

　ＡＢＡ（応用行動分析学）を学ぶと、そのしくみが面白いほどよくわかります。

　「意識」がどうなっているのかは気にしません。「行動」に直接働きかけて、人の行動を変容させていくのです。

◎世の中の組織のマネジメントを変えていきたい

　日本の社会、特に会社の組織においての人材育成手法は、いわゆる「意識改革」系のアプローチが未だに主流です。

　「望ましい行動をしないのは、その個人の意識が低いから」という理屈には、数多くの人がそのとおりだと思っていることでしょう。

　そのスタート時点の考え方に、疑問をもつ人はあまりいません。そのため、「意識を変えれば人が変わる」という考えになり、研修や人材マネジメント手法なども、意識を変えるものを行なうことが多くなってきます。

　しかし私は、これでうまくいっていないケースも非常に多いと感じています。

　研修をしたのに、望ましい行動に結びつかない。その結果、「意識が変わらないお前はダメなやつだ」と、個人の人間性が責められます。すると、その責められる個人も不幸になり、組織も結局は成長しません。

　「ＡＢＡマネジメント」では、この考え方を180度大きく転換し、「行動」に直接働きかけ、科学的な原理原則を用いて変えていきます。

個人が責められるのではなく、どうして行動が起きないのかという、**環境要因に着目**するようになります。その結果、望ましい行動ができる社員が育成され、組織の成長にもつながります。

　ただし、マネジメントの手法として、「ＡＢＡマネジメント」が唯一で一番である、という決めつけをするつもりはまったくありません。
　現在のやり方ではなかなかうまくいかない、意識改革の研修をしても自律型社員の育成につながっていない──そのようなことで悩んでいるのであれば、マネジメント手法のアプローチのしかたが大きく違う、この「ＡＢＡマネジメント」を知り、悩みを解決するヒントになればという思いで、この本を書きました。

　人材マネジメントのアプローチ手法の一つとして、この「ＡＢＡマネジメント」を知って理解したうえで、使っていただきたいということが、私の一番の願いです。
　本書が、マネジメントをする立場の方のお力になれば幸いです。

　2017年11月　　　　　　　　　　　　　　　　榎本あつし

自律型社員を育てる「ＡＢＡマネジメント」

もくじ

はじめに──古いマネジメントから脱却し、
　　　　行動に直接働きかける次世代マネジメントへ

序 章　マネジメントに関する悩みには大きな間違いがある！

序-1 みんな、マネジメントに悩んでいる ——————— 16
- 「ＡＢＡマネジメント」が必要とされる現状
- 人を育てるマネジメントの悩み
- マネージャーとしてのスキルを身につけられない
- とても便利な「人の内面」への原因づけ

序-2 「循環理論」に陥っている職場では、
自律型社員は育たない ——————— 20
- 循環理論に気をつけよう
- 行動事実を見ずに、その人の内面をいうことはできない
- 人は「医学モデル」に慣れ親しんでいる
- 循環理論に陥ることのデメリット
- 「上司・会社ＶＳ個人」から「職場の皆ＶＳ環境」へ

序-3 レッテルを貼ることで、
部下の可能性をつぶしていないか ——————— 28
- 「レッテル貼り」はみんな大好き

- レッテルを貼って、可能性をつぶさない
- 「人」が一番、後天的に行動を獲得する
- ネコのクリッカートレーニング
- ☕**BreakTime** 人の行動にパラダイムシフトは起きるか　32

1章 「ABAマネジメント」とは何か？

1-1 「ABAマネジメント」とは？ ———— 36
- ABAマネジメントは科学的マネジメント手法である
- ABAマネジメントは誰にでも応用できる
- 「やる気」や「意識」は気にしない

1-2 「ABA」（応用行動分析学）とは？ ———— 38
- アメリカで発展した心理学の一つ
- 行動の原因は、意思や気持ちではなく、環境にある
- ABA（応用行動分析学）は事実を見る
- 日本におけるABA（応用行動分析学）の現状

1-3 4つのキーワードをマスターすれば行動が変えられる — 45
- ABAの4つのキーワード
- 「強化」の原理
- 「弱化」の原理
- 「好子」と「嫌子」の原理
- 行動は、この4つの組み合わせでほとんど分析できる

1-4 ABC分析で行動をみる ———— 55
- 「ABC分析」とは
- ☕**BreakTime** 山本五十六のABC分析　58

2章 ＡＢＡマネジメントで行動を変える

2-1 ＡＢＣ分析から、改善案を考える ―――――― 62
- 分析から改善へ
- ＡＢＣ分析を行なう
- 改善案を考える
- 改善案のＡＢＣ分析

2-2 行動の主体は誰か？ ――――――――――― 67
- 本人しかできないこと、まわりができること
- カウンターコントロールの効用

2-3 ＡＢＡの使える知識「消去」とは ―――――― 69
- 「消去」の原理

2-4 ＡＢＡの使える知識「消去バースト」とは ――― 71
- 「消去バースト」の現象

2-5 ＡＢＡの使える知識「確立操作」とは ―――― 73
- 同じものでも価値が変わる「確立操作」

2-6 ＡＢＡの使える知識「プロンプト」とは ――― 75
- だれでも最初は「補助」が必要
- プロンプト不足とプロンプト依存

2-7 ＡＢＡの使える知識「般化」とは ―――――― 77
- 研修の場ではできたのに、職場ではできない
- 「Ａ：先行条件」も「Ｃ：結果」も異なる

2-8 ＡＢＡの使える知識「行動コスト」とは ――― 79
- コストが大きいとやらずに、小さいとやる
- 人事評価制度でも、行動コストは重要

2-9 ＡＢＡの使える知識「強化スケジュール」とは ― 81
- 毎回なのか、たまになのか

- ●「連続強化」とは
- ●「部分強化」とは

2-10 ＡＢＡの使える知識「生得性と習得性」とは —— 83
- ●お金は最初からもともと好子？
- ●習得性の好子・嫌子は人によって異なる

2-11 ＡＢＡの使える知識「対提示」とは ———— 85
- ●パブロフの犬からわかること
- ●対提示の具体的な例

☕**BreakTime** 好子な上司と嫌子な上司　87

3章 ツールを使った「ＡＢＡマネジメント」の手順

3-1 ＡＢＡマネジメント実践の手順 ———— 90
- ●シートを使いながら仮説を立てる
- ●ＡＢＡマネジメントを進める手順
- ●改善策に飛びつかない
- ●やってみないとわからない

3-2 「【1】ＡＢＡマネジメント目的シート」の活用 —— 94
- ●まずは目的を明確にする
- ●改善したいと思いついたことは何か
- ●何のために改善し、改善したら何につながるのか
- ●目的のために他にもっと改善すべきことはないか

3-3 「【2】ターゲット行動シート」の活用 ———— 99
- ●変容させたい具体的な行動を決める
- ●デッドマンテストで行動をチェック
- ●ビデオカメラテストでも行動をチェック
- ●二つのチェックで具体的な行動を絞り出す

● ターゲット行動を決める

3-4 「【3】ＡＢＣ分析シート」の活用 ── 107
● 「行動」の前後をＡＢＣ分析する

3-5 「【4】ＡＣ改善アイデアシート」の活用 ── 112
● 「行動」を強化するアイデアをたくさん考える
● 職場における社内研修にも最適

3-6 「【5】改善実施シート」の活用 ── 116
● アイデアから取り組み事項を決めていく
● ◎・○・△・×などで優先度をまとめる
● やってみないとわからない

3-7 ベースラインと改善測定 ── 121
● ビフォー・アフターを測定する
☕ **BreakTime** エレベーターが遅いというクレーム問題　123

4章 「自律型社員」を ＡＢＡマネジメントで育成する方法

4-1 「自律型社員」とは？ ── 126
● 自律型社員を定義することの必要性
● なぜ自律型社員が育たないのか
● 自律型社員の育成は、中長期的な取り組み
● 自律型社員の行動特性

4-2 自律型社員の定義から具体的行動へ ── 131
● 具体的行動へ変換する

4-3 自律型社員の育成を３ステップでデザインする ── 134
● ターゲット行動を取り上げる
● 育成をデザインしておくことが重要

●自律型社員を育成する３ステップ

4-4 「きっかけ」と「フィードバック」で
行動を「連続強化」する ———————— 137

●ステップ①からスタート
●現状をＡＢＣ分析する
●「連続強化」を行なう

4-5 徐々に「きっかけ」も減らしていき、
自分自身でできるようにする ———————— 142

●ステップ②に進む
●優秀な上司はこれをやっている

4-6 「フィードバック」を減らしていき、
「連続強化」から「部分強化」に変える ——— 146

●「たまに」褒められるようにしていく
●部分強化がもたらすもの
●行動を習慣化させる

4-7 他の行動も、同じように強化していく ——— 150

●行動は「般化」していく

☕ **BreakTime** ３人のレンガ職人　153

5章

業績向上をＡＢＡマネジメントで実現する

5-1 人事評価にＡＢＡマネジメントを活用する ——— 156

●ＡＢＡ（応用行動分析学）と人事評価制度
●成果は行動の集積である
●ＡＢＡと相性のよい人事評価制度
●個人に委ねるとバラツキが大きくなる

5-2 組織目標→個人目標→個人行動の
マネジメントシステムをつくる ———————— 162
- ＡＢＡマネジメントを用いた「ミニミニ評価制度」
- ①仕事の目的・理念を決める
- ②組織の目標を決める
- ③個人目標を決める
- ④目標につながる行動を決める
- ⑤行動目標を書き出して日々チェック！

5-3 評価制度を運用する ———————————————— 170
- 評価制度は使わないと意味がない
- 期初にやること
- 期中にやること
- 期末にやること
- 給与や賞与に反映すべき？

☕ **BreakTime** 即時フィードバックの大切さ　175

6章 ＡＢＡマネジメント実践編

6-1 ケーススタディで
ＡＢＡマネジメントを実践していく ———————— 178
- 世の中に多いタイプ別マネジメントの悩み
- 「強化履歴」とは
- 「文脈」とは

6-2 「ゆとり社員」のＡＢＡマネジメント例 ———————— 182
- ゆとり社員に困っているＥ部長
- 本当に改善すべきかどうかの本質を考える
- 改善すべきターゲット行動を考える

- ●ＡＢＣ分析で現状を分析する
- ●指示待ちから、自分から仕事をするように行動変容

6-3 「ベテランあきらめ社員」のＡＢＡマネジメント例 — 193
- ●定年間近の部下を抱えるＮ課長の悩み

6-4 「自己主張社員」のＡＢＡマネジメント例 ——— 198
- ●権利や自己主張ばかりの若手社員の改善

☕**BreakTime** ＡＢＡセルフマネジメント　203

便利な
シート集

ＡＢＡマネジメントシートの使い方

【1】ＡＢＡマネジメント目的シート ——————— 206

【2】ターゲット行動シート ————————————— 208

【3】ＡＢＣ分析シート —————————————————— 210

【4】ＡＣ改善アイデアシート ———————————— 212

【5】改善実施シート ———————————————————— 214

【シート類のダウンロードアドレス】———————— 216

おわりに　217

書籍コーディネート◎インプルーブ（小山睦男）

カバーデザイン◎水野敬一

本文ＤＴＰ＆イラスト＆図版◎伊藤加寿美（一企画）

序章

マネジメントに関する悩みには
大きな間違いがある！

Applied

Behavior

Analysis

MANAGEMENT

序-1 みんな、マネジメントに悩んでいる

▶「ABAマネジメント」が必要とされる現状

　この本は、「ABAマネジメント」という手法を使い、自律型社員を育成することをテーマにしています。

　「ABAマネジメント」とは、「ABA」（**応用行動分析学**）という行動科学の原理原則を用いて、人の行動に直接働きかけるもので、非常に強力に、人の行動変容を成し遂げます。

　この「ABAマネジメント」については、1章より詳しく説明するとして、まずこの章では、なぜこの「ABAマネジメント」をお勧めするのかの背景について触れておきます。

　きっと、あなた自身の悩みと照らし合わせて、より理解を深めていただけることと思っています。

▶人を育てるマネジメントの悩み

　「マネジメント」というものに悩んでいる方はとても多くいます。おそらく、この本を手にとったあなたも、マネジメントに関する何かしらの悩みがあって、読まれていることと思います。

　そしてマネジメントのなかでも、特に「人の育成に関するマネジメント」というものが、関心の高いところであり、大きな悩みの一つではないでしょうか。

　ある機関が、民間企業の管理職を対象に「あなたがマネージャーとして悩んでいることは？」という調査を実施しました。

　すると、そのなかでトップに上がったのは、やはり「人を育てること」であり、回答者の71.1％もの管理職の方が、悩みとして回答していました。

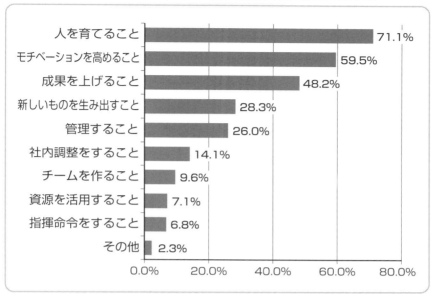

（株式会社アルヴァスデザイン／2015年12月18日発表資料より）

　私が企業現場にうかがったときの実感でも、この調査結果とほぼ同様です。成果を出すこと、数字を上げることもマネージャーとしての役割ではあるはずなのですが、それよりも「人の育成」に関する悩みのほうが、実際にかなり多いと感じます。

　マネジメントにおいて、成果や数字に関する悩みと、この「人の育成」に関する悩みとでは、少し質が違うように思われます。
　というのは、成果や数字に関する悩みは、計画どおりに成果を出せない、予算どおりの数字を達成できない、というようなやり方はわかるけれど、できないというものですが、「人の育成」に関しては、「どうしたらいいのかわからない」というような悩みなのです。
　これは、日本の企業の組織においては、プレイヤーとして実績を出して出世し、管理職になっているというケースがほとんど、というところに大きな理由の一つがあるのではないでしょうか。

成果の出し方や数字の上げ方などは、自分でやり方やノウハウなどはわかっているのです。わかっているけれども、達成することが難しくて悩んでいる。しかし、人を育てるということに関しては、実績もあまりなく、そのやり方自体がわからない、という性質の悩みなのです。

　部下をどのように育成していったらいいのか、知識もないし、教えてももらえず、自分のプレイヤーとしての経験のなかで、「自分だったらこうだよな」という「感覚」で育成をする。しかし、自分の思うようには動いてくれない、育ってくれない。しかも、自分と同じようには成果を出せない。いったいどう育成したらいいのか──このような悩みを抱えているケースが非常に多いのではないでしょうか。

▶マネージャーとしてのスキルを身につけられない

　本来、事業のなかで、プレイヤーとして成果を出すための知識やスキルと、部下をマネジメントするための知識やスキルとでは、大きく（まったくといってもいいほど）異なります。

　「人を育てる」には、それに適した知識とスキルがあるのですが、日本の企業においては、そのマネージャーとしての知識やスキルの構築に大きく力を注いでいる会社は、残念ながら非常に少ないといえます。中小企業や規模の小さい会社では、なおさらここには力を注げないのも実情でしょう。

　「人を育てる」知識やスキルを身につけていない人が、マネージャーとして人材育成をするとどうなるか。

　なかなか自分の思うようには育たない、望みどおりのレベルまで至らない、やってほしいことに気づかない…、こんなときに、どうしてそうなるのかを考えていくと、非常に便利で楽で、なおかつまわりが否定しづらい、とても使いやすい原因が頭に浮かびます。

　「そうだ、部下のやる気がないからだ」と。

18

●とても便利な「人の内面」への原因づけ

　人を育てる知識や技術を教わっていないままのマネージャーは、何がうまくいかないのか、どうしたらいいのか、という原因を検証できません。これは、そのマネージャーが悪いといっているのではなく、知識や技術がないために起きる、致し方ないことなのです。

　そんななかで、部下の育成がうまくいかないことに対して、個人の内面（人間性・性格・気持ち・意識など）に、原因を求めていってしまうのです。

　すると、なんと楽で便利なことでしょうか。

　やる気がないからできない、意識が低いからやらない、危機感がないから動かない…。

　このように、うまくいかない原因を、人の内面的なものに結びつけて原因づけすると、何やらそこで問題の答えが確定でき、終わったような感じになります。

　うまく人材育成ができない悩みが、ここで一度落ち着くのです。しかも、目に見えないことなので、誰も明確には否定できません。

　原因としてとても「使い勝手」がいいわけですね。

　どうしてうまくいかないんだろう、という悩みは、原因を見つけることでいったん解決し、ここから、人の内面を何とかしようというマネジメントが生まれてきます。

　これが、数多くの日本の企業で用いられてきた人材育成のやり方であり、そしていまでも主流になっている方法なのです。

序-2 「循環理論」に陥っている職場では、自律型社員は育たない

▶循環理論に気をつけよう

「人間性・性格・気持ち・意識」など、個人の内面を原因にすることの最大の問題点は、「**循環理論**」に陥ることです。

「循環理論」とは初めて聞く言葉かもしれませんが、行動科学を用いた「ＡＢＡマネジメント」では、最重要のチェックポイントです。まず第一に、これに陥らないように気をつけなければいけないのです。

「循環理論」とは、「**原因**」と「**結果**」が循環してしまっている状態のことをいいます。

たとえば、次のような職場でよくあるシーンで、一緒に考えていってみましょう。

【問】報告が遅いＡくん。
　　　さて、なぜＡくんは報告が遅いのでしょうか？

あまりひねって考えずに、パッと答えてみてください。こんな言葉が頭に浮かんだのはないでしょうか。

【解答】Ａくんがだらしないから。
　　　　Ａくんは社会人の意識が低いから。
　　　　Ａくんには危機感が足りないから。

まさしく、問題行動を個人の内面に原因づけをする解答です。
実際に企業の現場でヒアリングなどをすると、このような解答を

いただくことがほとんどです。一般的な解答、よくある解答ではあります。

では、次の質問です。

【問】では、どうしてAくんはだらしない、と思ったのでしょうか？

Aくんをだらしないと思ったのはなぜでしょうか。

それは、Aくんの報告が遅いという「行動事実」をみて、そう感じたからであるはずです。つまり、ここで原因と結果がお互いに循環してしまっているのです。

◎「循環理論」とは◎

報告が遅い

なぜ
そう思う？

なぜ
そう思う？

だらしない

「報告が遅い」のは「だらしない」から。
「だらしない」と感じるのは、「報告が遅い」から。

「だらしない」という内面を示す表現は、一見、「報告が遅い」と

序章

マネジメントに関する悩みには大きな間違いがある！

21

いう行動の原因のように思えますが、実は「報告が遅い」という行動事実を観察した結果、その事実を人の性質として言い換えているだけなのです。

▶行動事実を見ずに、その人の内面をいうことはできない

いままでまったく会ったことも話したこともない人が、目の前にいます。まだ表情もあまり動いていません。

その人に対して、内面を指摘することはできるでしょうか。

どんな性格の人なのか、きちんとしているのか、だらしないのか、優しいのか、怖いのか、細かいのか、ずぼらなのか…等々。これは、難しいですね。レントゲンで撮影しても難しそうです。

本来は、その人の行動事実を見て、その人の内面として言い換えているだけなのです。

●いつも時間に遅れてくる	➡	だらしない人
●文章の書き間違いをいつも指摘する	➡	細かい人
●困ったときに笑顔で声をかけてくれる	➡	優しい人
●いつも冗談ばかり言っている	➡	面白い人
●誰よりも最後まで仕事を頑張っている	➡	熱心な人

この表を見るとわかるかと思いますが、実は人の内面的なものの表現は、表（おもて）に現われる行動事実を見て、それをわかりやすく伝えるために概念化したものなのです。

つまり、「行動事実」が先にあって、その結果、人の「内面」が決まってくるという、逆転の考え方こそが真実である、ということなのです。

▶人は「医学モデル」に慣れ親しんでいる

原因と結果の関係は、医学モデルだとわかりやすく、ついつい、人のどこかに「だらしない因子」みたいなものがあって、それがそ

の人の行動を引き起こしていると考えがちです。

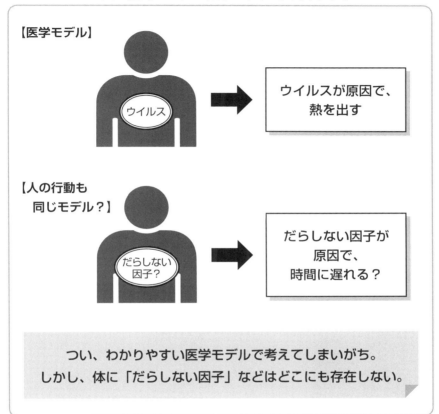

◎人の行動モデルは医学モデルとは異なる◎

【医学モデル】
ウイルス → ウイルスが原因で、熱を出す

【人の行動も同じモデル？】
だらしない因子？ → だらしない因子が原因で、時間に遅れる？

つい、わかりやすい医学モデルで考えてしまいがち。
しかし、体に「だらしない因子」などはどこにも存在しない。

　遺伝などの影響で、行動することの原因には多少はもって生まれたものがある、とはいわれています。しかし、それよりも後からの環境によって形成されてくるもののほうが、ほとんどなのです。そして、後から形成されるものは、そのときの環境によって、適応するために変容するものなのです。
　その行動事実の傾向を、「性格」とか「人間性」という、まとめた概念で表現しています。その概念があるおかげで、行動事実をま

とめて伝えられるという、コミュニケーション上のメリットがあるわけです。

したがって、会話のなかで「あの人はだらしのない性格だ」と表現すること自体は、もちろんＯＫです。

しかし、間違えてはいけないのは、「だらしない」という性格は決して原因ではなく、行動の傾向を表現しているものだということなのです。そのことを理解しておく必要があります。

▶循環理論に陥ることのデメリット

ついつい理屈っぽい話になってしまいましたが、一番伝えたいことは、「循環理論」に陥ると、問題が多く発生してしまうということです。

大きな問題の一つは、いつまでたっても現実的な解決にはつながらないこと。もう一つは、個人を責めて攻撃することになってしまうということです。

内面的なことを原因にすると、問題行動を解決するアプローチは、内面を何とかしようとする方法になっていきます。

「だらしない」ので、「だらしくならない」ようにし、「危機感が足りない」ので「危機感をもつ」ようにし、「プロとしての意識が低い」ので、「意識を高める」ように、内面を変えるための研修を実施したりします。

つまり、精神を鍛えるというような厳しい研修や、意識改革を起こすための研修などに、救いを求めていくわけです。たとえば、駅前で名刺を配らせたり、人前で大声で過去の黒歴史を語らせたり…。

しかし、実際には内面的なものは、問題行動の原因ではありません。

研修の場では、いろいろな環境要因が実際の職場とは異なるため、望ましい行動が起きるようになってきます（強制的に行動せざるを得ないともいえそうです）。すると、行動事実の改善が見られるの

で、内面を表現する言葉も変わってきます。

- ●研修では毎日遅刻せず、提出物もすべて期限を守れた
  → だらしなくなくなった
- ●研修では名刺をすべて配り終わった
  → 積極性が出た。羞恥心が消えた
- ●研修では黒歴史をみんなに伝えられた
  → 折れない心が身についた

　これらのことも、やはり行動事実から内面的なものを表わしているだけで、実際に体内に何か因子ができたわけではありません。

　研修の場では、やらなければ終わらない、まわりから注目されている、などのさまざまな環境要因があり、実際の職場の状況と異なるために引き起こされただけなのです。

　職場の環境が何も変わっていなければ、必ず行動は元に戻ってしまいます。現在の環境に適応していくわけです。

　そして、現実的には、職場での行動には継続的な変化はもたらされずに、結局は、解決につながっていかないのです。

　その結果、「○○さんはまだまだ、意識が低いよな」となります。原因は内面にあるとして、さらにそれを変えようとするか、そこであきらめて思考停止になり、いつまでも「意識が低いから」とずっと言い続けることになってしまうのではないでしょうか。

▶「上司・会社VS個人」から「職場の皆VS環境」へ

　もう一つ、循環理論に陥ることの大きな問題点は、特定の個人の人間性を攻撃することになる、という点です。これは非常に大きな問題です。

　望ましい行動をしない、もしくは不適切な行動をするのは、その人個人が悪いから、という考え方になるのです。

　原因をもっているその人が、なにやら犯人のようになり、まわり

から攻撃される対象となってしまいます。

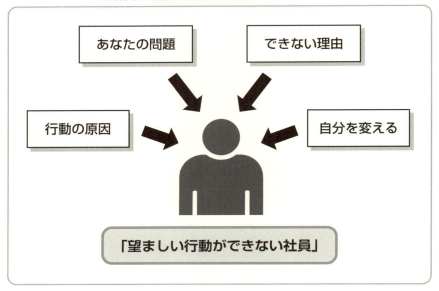

　このように、「上司・会社」VS「個人」という図式になってしまうのですね。
　こうなると、さまざまな弊害が出てきます。
　たとえば、個人攻撃された社員は、上司や会社が嫌いになり、自分を責めるようになり、ますますパフォーマンスを発揮できない社員になってしまいそうです。
　職場のコミュニケーションも悪くなり、より仕事から自分を避けるようになってしまいそうな気もします。
　もし、循環理論から抜け出すことができて、行動から先に変えるアプローチへと切り替えることができると、この図は次のように変わります。

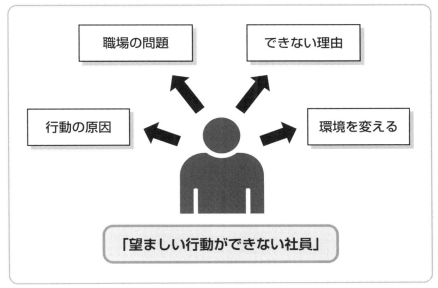

　このように、「職場の皆VS外部の環境」という図式に変わります。
　社員に望ましい行動が起きない、もしくは不適切な行動が起きるのは個人に原因があるとして攻撃するのではありません。それを職場の皆の問題として、望ましい行動が適切にできるような職場づくりにもっていくわけです。

　そのほうが、個人攻撃をしたまま、何も改善につながらないよりも、よほど建設的であり、現実的な問題解決への道筋となるのではないでしょうか。
　まずは、循環理論から抜け出すこと——それが、自律型社員を職場で育成するためのスタートとなります。

序-3 レッテルを貼ることで、部下の可能性をつぶしていないか

▶「レッテル貼り」はみんな大好き

人は他人に「レッテル」を貼ることがとても大好きです。心理テストというものがあると、みんな喜んでやったりしますね。

社員に関する適性検査でも、同じようにタイプ分けをすることがあります。そして、結果が出ると、それがその人にレッテルとして貼られます。

- パーソナリティは「受け身型」
- 感情タイプは「冷静」「慎重」タイプ

などと、レッテルはこんな感じでしょうか。

そして、このようなタイプの人には、こう接したほうがいいとか、このような職種が向いている、などとアドバイスされたりします。

しかし、気をつけなければいけないのは、この性格診断はあくまでも選択肢にある項目のなかから回答を選んだという、行動の結果だということです。

そして、その選んだ回答項目からの傾向を指し示すものであって、行動の原因そのものであるとして、決して次のようにとらえてはいけないのです。

- 「受け身型」だから、指示をしないと動かない人だ
- 「冷静タイプ」だから、忙しくても取り乱さないはずだ

これでは、「循環理論」に陥ってしまって、その先の改善にはつながらなくなってしまいます。

レッテルを貼るということは、あくまでも「いま現時点での」その人の行動特性の傾向を知るということです。

　そして、その行動特性は、後からいくらでも変えることができるものだということを理解しておきましょう。

　人の行動変容には、無限といってもいい可能性があるのです。

▶ レッテルを貼って、可能性をつぶさない

　私は、セミナーを始める前の自己紹介のときに、自宅で飼っているネコの話をすることがあります。

　「家族は、妻と娘。あとネコが２匹です。そうそう、わが家のネコは、お手やお座りができるんですよ」

　このネコのお手の話をすると、反応はその時々で変わりはしますが、「へえー」とか「おー」とか、関心をもってもらうことがあります。そして続けて、次のように話します。

　「ＡＢＡ（応用行動分析学）を使うと、ネコだってお手をしてくれるようになります。人間だったら、なんでもできるようになりますよ」

　これは、セミナー前の和やかな雰囲気をつくることも目的ですが、それ以上に伝えたいことは、「ネコはわがまま」「ネコは犬と違って人の言うことを聞かない」というようなレッテルを勝手に貼って、行動の可能性をつぶしてほしくない、ということなのです。

　教える側のやり方次第で、本当はできることはたくさんあるのです。

　「消極的だから」「慎重タイプだから」、あるいは「ゆとり世代だから」「ネコだから」というように、勝手にレッテルを貼って、いかにも原因っぽくしてしまうことのないように気をつけましょう。

▶「人」が一番、後天的に行動を獲得する

　ＡＢＡ（応用行動分析学）は、人や動物の行動を変容させるすご

い力をもっています。

　ネコがお手をできるようにするなんてことは、朝飯前です。たとえ、成人（成猫？）になったあとのネコでも、２〜３週間ほどあれば、ほとんどのネコがお手をできるようになります。

　しかし、たとえＡＢＡ（応用行動分析学）を使っても、さすがにアリやテントウムシにお手を教えることはできません（ハトやネズミには近いレベルまで可能です）。

　現在は、動物のなかに「上等動物」「下等動物」などというような定義は存在していませんが、わかりやすくいうと、先天的な機能が中心の動物と、後天的に行動を獲得する動物の段階は存在します。

　「アリには無理でも、ネコならお手ができる。人間なら、個の差なんてものは大したことがなく、後天的にいくらでも行動を身につけることができる」

　もちろん、個の差があるのは事実ですが、人間ほど後から変われる生物はないのです。

　いままで獲得してきた行動のパターンに、それぞれ違う傾向があることは事実ですし、それにより身につける早さも、個の違いは存在します。それでも、圧倒的である種の差にくらべたら、全然小さな差なのです。

　レッテルを貼ることで決めつけ、本当だったら身につけられる可能性をつぶさないようにしましょう。

▶ネコのクリッカートレーニング

　この本のテーマからはそれますが、ネコにお手をしてもらうためのＡＢＡ（応用行動分析学）を使ったトレーニング手法については、いくつか本も出ています。

　次ページにあげたような「クリッカー」という道具を使って、ネコにいろいろと教えていきます。クリッカーとは、ボタンを押すと「カチッ」という音が鳴るトレーニング器具です。

◎クリッカー◎

ネコは、いままでできなかったことができるようになり、飼い主も一緒に喜んでくれるため、ただ寝て過ごすよりも、トレーニングをしたほうが生き生きとしてくるそうです。

この点においては、人間も同じような気がします。

序章 マネジメントに関する悩みには大きな間違いがある！

Break Time

人の行動にパラダイムシフトは起きるか

「パラダイムシフト」という言葉をご存知でしょうか。

パラダイムシフト（paradigm shift）とは、その時代において、常識であり、当たり前であると思われていたものが、ある時点から劇的に変化して覆えることをいいます。「パラダイムチェンジ」という場合もあります。

例をあげると、次のようなことです。

「昔は地球の周りを太陽や星が回っているという考えが常識で、当たり前だった。しかし、ある時期にパラダイムシフトが起こり、いまでは地球が太陽の周りを回っているというのが常識になっている」

天動説→地動説は、パラダイムシフトのわかりやすい例です。

同じように、以前は常識で当たり前と思われていたものが、現代では非常識、違う考えが常識になっているものはたくさんあります。

「雨が降らないのは、神様が怒っているからだ」

「人が熱を出すのは、呪いにかかっているからだ」

いまでは、こんなことを本気で言ったら、変な人と思われるだけでしょう。しかし、人間の歴史でいえば、ほんの少し前まで、上記のようなことが常識として考えられていたのです。

これが常識だった期間のほうがはるかに長いでしょう。もしかしたら、いまの時代でも、これが常識になっている地域もあるかもしれません。

逆に、これが常識であった時代に、雨は水蒸気がもたらす自然現象だとか、熱が出るのは体にウイルスが入り、それを追い出す抵抗のための反応だ、などというようなことを言う人がいたら、変人扱いされていました。

神様への冒涜だとか、頭がおかしい人だとか言われて、その時代においては否定されていたわけです。地動説も同様で、それを唱えれば処刑すらされかねない時代もあったのです。

　そして、前述のようなことが常識であった昔には、対応や解決のしかたも変わってきます。

　神様が怒っているから、それを鎮めようと雨ごいをします。

　呪いを取り払おうと、呪術師が祈祷します。場合によっては、生贄などを差し出すこともあったといわれています。

　いまでは信じられないかもしれませんが、パラダイムシフトが起きる前は、そちらが当たり前だったのです。

　さて、ここから先は勝手な想像です。

　人の行動に関する考え方に、パラダイムシフトは起きるでしょうか。

　いまの時代、人の行動は、「心」が先にあって、それが「行動」を引き起こしているという考え方が一般的であり、それは常識なのかと思われます。

　それに対して、「行動」は、実は「心」で引き起こされるのではなく、環境に対する刺激反応の結果に過ぎず、「心」というものは、目に見えない概念的な後づけだよ、という考え方があったら、どうなるでしょうか。

　いまの常識から考えると、人間には心があり、意思がある。それを否定するのは人間への冒涜だ、ということになるかもしれませんね。

　ＡＢＡ（応用行動分析学）の創始者でもあるＢ・Ｆ・スキナーは、著書『自由と尊厳を超えて』で、行動は人の自由意思が引き起こしているということを否定しています。

　日本よりも「自由」というものに、より価値を置いている欧米において、しばらく（もしくは、いまでも）、スキナー博士は変人扱いされたりしています。

一方で、その科学的根拠が認められている功績も大きく、アメリカでは心理学者の間で選ぶ、もっとも偉大な心理学者の第１位になったりもしています。批判も功績も混在している状態なのです。

　目に見えないもので、科学的に解明されていないものは、まだまだたくさんありそうです。
　先ほどのたとえでは、目に見えない神様ではなく、低気圧の雲が雨を降らしていました。また、目に見えない呪いではなく、ウイルスや菌が熱を引き起こしていました。
　そして、パラダイムシフトの後では、対処法は変わり、雨ごいではなく気象観察になり、祈祷ではなく薬になっています。
　もし、人の行動にパラダイムシフトが起こったら、やはり対処法は変わってくることでしょう。

　人の行動は「心」が原因――それを主張する人が、逆に笑われる時代がくることはあるのでしょうか。
　いまの常識の世界に住んでいるわれわれには、あまり想像もつかないことですが、まったくないとも言い切れない、と私は思っています。
　そして、それは決して悪いことではなく、むしろ良いことなのです。
　雨ごいをして、解決にいたらないよりも、気象観察のほうが生活の質を高めます。呪術師が祈祷するよりも、薬を処方したほうが命は助かります。生贄という不幸もなくなっています。
　人の心には、まだまだ科学で解明されていないことがたくさんありそうです。解明されたくないようなところにある、尊厳あるものなのかもしれませんね。

1章

「ABAマネジメント」
とは何か？

Applied

Behavior

Analysis

MANAGEMENT

1-1 「ＡＢＡマネジメント」とは？

▶ＡＢＡマネジメントは科学的マネジメント手法である

　いよいよこの本のテーマである「自律型社員を育てるＡＢＡマネジメント」の本題へと入っていきます。
　まずは、このＡＢＡマネジメントとは何か？　から説明していきましょう。
　ＡＢＡマネジメントとは、ＡＢＡ（応用行動分析学）という、行動科学を用いた、人材マネジメント手法のことです。
　「科学を用いる」という言葉の印象からわかるかもしれませんが、意識改革や精神論的なアプローチではなく、もっと人の行動の原理原則に則った、再現性の高い科学的アプローチによるマネジメントです。
　ＡＢＡマネジメントは、行動に直接働きかけ、行動変容を強力に引き起こすことを可能としています。
　必ずや、経営者やマネージャーにとって、これからの部下の育成方法や成果を出すために望ましい行動を発揮することにおいて、現実的に役に立つノウハウであると思います。

　一方で、それだけ強力に行動を変容させるためには、しっかりと科学的な原理原則を知って、副作用もわかったうえで使えるようになることが必要です。
　短期的で一時的な行動変容と、長期的で習慣化する行動変容とでは、働きかけるやり方も異なれば、その効用（メリット）も副作用（デメリット）も異なります。
　なぜ、行動を変えることができるのか、その理論はどうなっているのか――それをぜひ、知識として身につけていただきたいと思い

ます。

▶ＡＢＡマネジメントは誰にでも応用できる

　ＡＢＡマネジメントは、人の行動の原理原則に則ったマネジメント手法であるため、業種が限定されたり、部下の年齢や経験などで、限定的に通用する・しないというものではありません。

　非常に多くの対象に応用することができます。経験則に頼らない、科学的アプローチならではのメリットです。

　この本では、企業における自律型社員の育成にＡＢＡマネジメントを応用していきます（対象としては、最も効果を発揮しやすいものの一つです）。

　しかし、対象は会社の部下だけにとどまらず、部下から上司のマネジメント、同僚のマネジメントにも、応用することができます。

　また、それだけではなく、親子のマネジメント、学生のマネジメント、夫婦や恋人のマネジメントにも応用できます。

　さらに、もっといえば、自分自身のセルフマネジメント、人だけではなく動物やペットに対するマネジメントにも活用できます。

▶「やる気」や「意識」は気にしない

　ＡＢＡマネジメントは、「やる気」や「意識」などの人の内面には、アプローチをしていきません。

　そういった意味では、いままでの日本の人材育成法とは、少し異なる目線のものだといえるでしょう。

　個人の内面をターゲットとしないため、不毛な個人に対する批判や攻撃・衝突などを回避しながら、人材育成が可能になります。

　まずは、ＡＢＡマネジメントの根幹となる「ＡＢＡ」（応用行動分析学）を理解することから、そしてそれを活用することによる具体的な「自律型社員」の育成方法を、順に説明していくこととします。

1-2 「ＡＢＡ」(応用行動分析学)とは？

▶アメリカで発展した心理学の一つ

「**応用行動分析学**」とは、英語で「Applied Behavior Analysis」といい、その頭文字をとって、「**ＡＢＡ**」と呼ばれます。読み方は、「エービーエー」というのが一般的です。

ＡＢＡ（応用行動分析学）は、1960年代に、アメリカの心理学者バラス・フレデリック・スキナー博士によって、確立された心理学の一つです。

心理学といっても、いわゆる「心のなか」とか「精神」というものを見ようとする、多くの人がイメージしている「心理学」とは大きく異なるものです。

文字どおり、徹底した行動の分析を行ない、どんなときに人（動物）は行動をして、どんなときに行動しなくなるのか——その分析を繰り返して、行動の原理原則を導き出していくものです。

ちなみに、このような実験を行なって、原理原則を導き出す学問が、「行動分析学」であり、その原理原則を使って人（動物）の行動に働きかけるのが、「応用行動分析学」ということです。

なお、人材マネジメントにおける大ベストセラー『人を動かす』（デール・カーネギー著）や、『一分間マネージャー』（ケン・ブランチャード著）の本文のなかでは、スキナー博士やＡＢＡ（応用行動分析学）について触れられています。行動の原理原則として、彼らの著書の参考となっているわけです。

ＡＢＡ（応用行動分析学）の特徴は、なんといっても「行動」に特化した学問であることです。

そして、人（動物）の行動は、環境の変化によって制御されている、という結論を出している学問であるといえます。

▶行動の原因は、意思や気持ちではなく、環境にある

　このことは、先に「意思」があり、それが「行動」を引き起こしている、といういままで当たり前と思われていた考え方とは大きく異なります。

　ただし、まだまだこの考え方は世の中に浸透していません。日本では、このことを主張すると変人扱いされるか、「心」を大事にしないなんて、さびしい考え方をする奴だと言われることもあることでしょう（行動分析学は、心を否定しているのではなく、行動の原因にしないというスタンスなのですが）。

　膨大な基礎実験や分析の結果、ほぼ間違いなく、人や動物の行動は、環境の変化や刺激に対する反応により引き起こされて形成され、習慣化することはわかっているのですが、反論する学者も多く、まだ「世の中の当たり前」にはなっていません。

　しかし、心理学者のなかでも行動分析学の創立者であるＢ・Ｆ・スキナーは、2002年に行なわれた「20世紀で最も偉大な心理学者ランキング」で１位になるほど、同じ心理学者からも認められている人物です。

　ちなみに、このランキングの２位はピアジェ、３位はフロイトとなっています。１位のスキナーよりも、こちらの２人のほうが日本では有名ですね。

　このように、ＡＢＡ（応用行動分析学）は、行動を専門にし、「意思」や「やる気」などの目に見えないものには頼らずに、人の行動を強力に変容させることができる学問です。

　「続けられないのは、意思が弱いからだ」
　「仕事ができないのは、意識が低いからだ」
　「取りかかれないのは、危機感がないからだ」
　いままで、このような考え方で、心のなかをなんとかしようとしてもうまくいかなかったことを、まったく違うアプローチから解決

することが、ＡＢＡ（応用行動分析学）のもっとも得意とすることなのです。

　ＡＢＡの対象は、他人だけではなく、自分自身のセルフマネジメントにも使えます。いままで、行動できないのを自分の性格や意思の弱さを原因として、うまくいかなかったケースでも、ＡＢＡ的アプローチで環境を変化させることによって劇的に改善するケースも多く見られます。

　ちなみに、ここでいう「環境」とは、地球や自然というような環境ではなく、また、職場のきれいさとか、温度が適切だとかの環境でもありません。その人のまわりに起きる出来事や、どのような状態にいるかといった意味の「環境」です。

●ＡＢＡ（応用行動分析学）は事実を見る

　さて、いきなりですが、少しワークをやってみたいと思います。気楽な気持ちで考えて、解答してみていただけますでしょうか。

　次の絵を見てください。学校の授業中の１シーンです。

質問①…このシーンでは、いったいどんなことが起きているでしょうか？
質問②…この事象の原因は何だと思いますか？
質問③…今後の対応は、どうしたらよいでしょうか？
　いきなりの質問で恐縮ですが、このワークを通して、一般的な「行

動」に関する見方と、ＡＢＡ（応用行動分析学）的な「行動」に関する見方を説明していきたいと思います。

一般的な解答では、次のようなものに近くなることが多いです。
質問①（このシーンでは、いったいどんなことが起きているでしょうか？）の一般的な解答
「男の子が授業中にふざけていて、まわりの子が困っている」
質問②（この事象の原因は何だと思いますか？）の一般的な解答
「集中して授業を聞けずに、ふざけてしまう男の子が原因」
質問③（今後の対応は、どうしたらよいでしょうか？）の一般的な解答
「男の子に今後ふざけないように注意する」
「男の子には、心の問題があるかもしれないので、それを治療する」

いかがでしょうか。一般的な考え方では、このような感じの解答に近いものが出そうですね。

では、同じシーンをＡＢＡ（応用行動分析学）での目線で、解答してみたいと思います。ポイントは、**目に見える事実のみを追いかけること**、です。

質問①（このシーンでは、いったいどんなことが起きているでしょうか）のＡＢＡ的解答
「男の子が声を出して走り回っている。まわりの子がそれを見ている」
質問②（この事象の原因は何だと思いますか？）のＡＢＡ的解答
「男の子をまわりの子が注目していることが原因」
質問③（今後の対応は、どうしたらよいでしょうか？）のＡＢＡ的解答
「男の子が走っても、まわりが注目しない」

「授業を中断してしまっているかもしれないので、授業をそのまま続ける」

このように、まったく違う見方で同じシーンを見ています。比較表にまとめてみましょう。

一般的な見方	ＡＢＡ的な見方
男の子が授業中にふざけていて、まわりの子が困っている。 （ふざけているかどうかはわからない）	男の子が声を出して走り回っている。まわりの子がそれを見ている （事実のみを見る）
集中して授業を聞けずに、ふざけてしまう男の子が原因 （個人を問題の原因とする）	男の子をまわりの子が注目していることが原因 （まわりの環境の変化を原因とする）
男の子に今後ふざけないように注意する。 男の子には、心の問題があるかもしれないので、それを治療する （個人そのものを変えようとする）	男の子が走っても、まわりが注目しない。 授業を中断してしまっているかもしれないので、授業をそのまま続ける （問題が起きないように環境を変える）

このように比較してみると、違いがわかりやすくなるのではないでしょうか。

一般的な見方では、自分の主観を入れて考えています。

男の子は走り回っていますが、ふざけているかどうかはわかりません。彼のなかでは、ふざけているのではなく、恐怖のため必死でやっている可能性もあります（そんなときに笑うこともよくあります）。

一方、ＡＢＡ的な見方では、心のなかを推測しません。

客観的事実として、声を出して走っている、そしてそれをまわりが見ている、という見方をします。

そして、重要なのが、**原因をどこに見るか**、という点です。

一般的な見方では、「ふざけている男の子が悪い」というように、原因を個人へと目を向けます。

一方、ＡＢＡ的な見方では、個人が悪いのではなく、その個人の行動を引き起こしている環境に原因がある、と考えます。

この原因をどう見るかで、その後の改善のアプローチも当然変わってくるわけです。

個人に原因がある、と見ると、「その個人を何とかしよう」という解決方法になっていきます。個人に対して、ふざけないように注意したり、内面を改善しようとしていくことになります。

一方、環境に原因がある、と見ると、「その環境を何とかしよう」という解決方法になります。行動を引き起こしているまわりの環境は何か、それは、走り出すとまわりが注目してくれたり、嫌な授業が中断したりするからではないか、という見方になってくるのです。

▶日本におけるＡＢＡ（応用行動分析学）の現状

ホワイトカラーのマネジメントの先進国であるアメリカにおいては、人材マネジメントに用いる理論の一つとして、主流とまではいきませんが、ＡＢＡ（応用行動分析学）は、とても多く用いられています。ＡＢＡ専門の大きなコンサルティング会社も多く存在しています。

一方、現在の日本においては、ビジネスのシーンではＡＢＡはほとんど活用されていません。

発達障害児（自閉症児）への療育方法の一つとして用いられていることが多く、日本でＡＢＡ（応用行動分析学）といえば、この発達障害児向けのプログラムの理論、といわれることがほとんどです。

43

そのほか一部で、スポーツのコーチングに使われたり、イルカなどの動物のトレーニングやペットのしつけなどに使われることもあります。

　なぜ、あまり日本のビジネスの世界では広まらないのだろう、と考えることがあります。
　専門用語が難しい、原理原則よりも経験則が好まれる、なども理由の一つだとは思いますが、やはり「心のなか」が原因ではない、という考え方に、受け入れがたい要素があるのではないか、と感じています。
　「やる気」や「意識の高さ」、「情熱」や「想い」などが大事であって、それを引き上げていけば、きっと自律型の良い社員になる、という考え方がやはり主流なのです。
　しかし、それでうまくいっていないケースは本当に多く見かけます。そもそも、心のなかを原因にすると、すべて結果論でいくらでもいうことができてしまいます。
　うまくいけば、「意識が高まったから」といえますし、うまくいかなければ、「まだまだ意識が低いから」といえます（循環理論に陥っている状態です）。
　人のどこかに「意識メーター」なるものは存在していないのです。目に見えないメーターがあるとしても、それはまわりがいくらでも主観で決められるものなのです。
　より現実的で、より着実に、改善につながるＡＢＡ（応用行動分析学）を使ったマネジメントが、日本の企業の生産性を上げる一つの重要なキーファクター（主要因）となることを願っています。

1-3

4つのキーワードをマスターすれば行動が変えられる

▶ ＡＢＡの４つのキーワード

　ＡＢＡマネジメントを用いて、自律型社員の育成ができるようになることが、この本のメインテーマです。

　自律型社員とは、「**指示をしなくても、自ら望ましい行動を起こすことができる社員**」という定義で考えていきます。

　自律型社員をもう少し具体的にいうと、次のような行動変容をもたらすことができる社員なのではないでしょうか。

- ●報連相をしっかりできる
- ●会議では自ら進んで発言をする
- ●指示に対して、プラスアルファの結果を出してくる
- ●業務に対する改善について提案するようになる
- ●自ら仕事のスキルを身につけて自己成長をする

　上記のようなことができるようになるためには、ＡＢＡ（応用行動分析学）の理論がどのようなものであるかを、知って理解していただく必要があります。

　実践に入る前に、もう少しレクチャー（講義）にお付き合いください。

　マスターしてもらいたいキーワードは、次の４つです。

強 化	弱 化	好 子	嫌 子

　それぞれ、強化＝きょうか、弱化＝じゃっか、好子＝こうし、嫌

45

子＝けんし、と読みます。
　この４つのキーワードを、それぞれ組み合わせることで、行動の大部分の分析と、そこから改善するやり方がつかめるようになります。
　それぞれ、例にもとづいて、一緒に考えていきましょう。

▶「強化」の原理

> 「人が何かの行動をした結果、良いことが起きるか、悪いことがなくなると、その行動は繰り返されるようになる」

　この文章だけでは、何かわかったような、わからないような、まだしっくりこないと思います。
　このようなときは、例を見ながら考えるのが一番です。

【強化の例①】
　「Ａさんが、カフェでパンケーキを食べたら、とても美味しかった」
　Ａさんが「パンケーキを食べる」という行動をした結果、「とても美味しい」という、好ましいことが起きました。
　すると、Ａさんは、またこのカフェに行ったとき、このパンケーキを食べるという行動を繰り返すようになりました。

　時系列の図で表わすと、このような感じになります。

　「パンケーキを食べることが【強化】された」というような、言い方になります。

例としてもう一つ、人は嫌なことがなくなっても、行動を繰り返すようになります。

【強化の例②】

　「Ａさんは、カフェが寒かったので、店員に伝えたところ、暖房の温度を上げてくれた」

　Ａさんが「店員に伝える」という行動をした結果、「寒い」という嫌なことが、なくなりました。

　Ａさんは、寒いときには、また店員に声をかける、という行動を繰り返すようになります。

　時系列の図は、このような感じになります。

　「店員に声をかけることが【強化】された」という言い方になります。

▶「弱化」の原理

> 「人が何かの行動をした結果、悪いことが起きるか、良いことがなくなると、その行動は繰り返されなくなる」

　今度は、「強化」とは逆の「弱化」の原理について、考えてみましょう。同じように、2つのパターンの「弱化」があります。

【弱化の例①】

　「Ａさんが、カフェでパンケーキを食べたら、パサパサで甘くな

く、とてもまずかった」

　Aさんが「パンケーキを食べる」という行動をした結果、「まずい」という、嫌なことが起きました。

　Aさんは、このカフェに行ったとき、このパンケーキを食べることは、二度とありませんでした。

　「パンケーキを食べることが【弱化】された」となります。

　気づいた方もいると思いますが、「カフェで」「パンケーキを食べる」までは、【強化】のときとまったく同じです。違うのは、行動した後の結果だけです。

　そして、その結果次第で、パンケーキをまた食べるのか、もう二度と食べないのか、というように、行動が変わってくるのです。

【弱化の例②】

　「Aさんが、カフェでたくさん注文したところ、今月の食費がほとんどなくなってしまった」

　「たくさん注文する」という行動をした結果、「お金」という良いものがなくなってしまいました。

　Aさんは、今後、カフェでたくさん注文するという行動は、あまり繰り返さなくなりました。

　「たくさん注文することが【弱化】された」となります。

このように、行動を分析してみると、行動が繰り返されたり、逆に繰り返されなくなるしくみがわかってきます。これこそが、ＡＢＡ（応用行動分析学）の優れた機能です。

　人が行動をする・しないに関して、心のなかを原因とせずに、環境の変化によって、行動の予測ができるようになってくるのです。

▶「好子」と「嫌子」の原理

　上記の「強化の原理」「弱化の原理」で出てきた、「行動した結果」にでてくる、「良いこと」「悪いこと」のことを、【好子（コウシ）】【嫌子（ケンシ）】と呼びます。

　４つのキーワードの、残り２つがこれになります。

> 好子…「行動の直後に現われる刺激や結果のことで、直前の行動を強化させるもの」
>
> 嫌子…「行動の直後に現われる刺激や結果のことで、直前の行動を弱化させるもの」

　もう一度、先ほどの例のどこに出てきていたかを確認してみましょう。

【強化の例①】

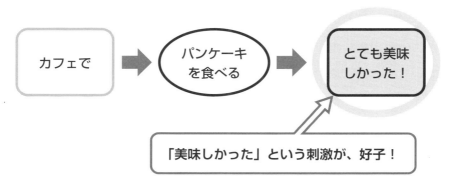

【弱化の例①】

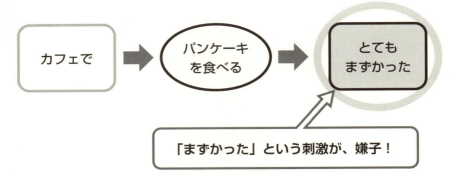

【強化の例①】を、行動分析学的な表現をすると、「好子出現による強化」といいます。【弱化の例①】を、同様に「嫌子出現による弱化」といいます。

では、【強化の例②】と【弱化の例②】の好子と嫌子はどこにあるのか、また考えてみましょう。

【強化の例②】

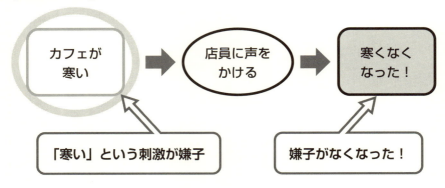

【弱化の例②】

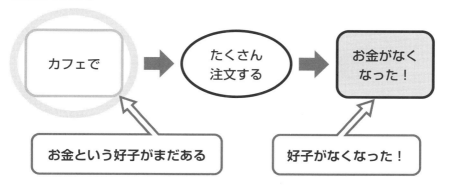

【強化の例②】を、「嫌子消失による強化」といいます。
【弱化の例②】を、同様に「好子消失による弱化」といいます。

▶行動は、この４つの組み合わせでほとんど分析できる

　強化、弱化、好子、嫌子の４つのキーワードを組み合わせることにより、次の４つのパターンができあがります。

①：行動の後に、好ましい結果（好子）が出たことにより、
　　人は行動を繰り返すようになる。
②：行動の後に、嫌なもの（嫌子）がなくなったことにより、
　　人は行動を繰り返すようになる。
③：行動の後に、嫌な結果（嫌子）が出たことにより、
　　人は行動を繰り返さないようになる。
④：行動の後に、好ましいもの（好子）がなくなったことにより、
　　人は行動を繰り返さないようになる。

　人の行動は、ほぼこの４つのパターンで分析できるようになります。原理原則になればなるほど、最小の理論で物事の成り立ちを説明できるようになります。だからこそ「科学」といえるのです。
　以上のことを図にして、次にまとめておきます。

【行動の４原則】

①：行動の後に、好ましい結果（好子）が出たので、
　　行動を繰り返す（好子出現による強化）

②：行動の後に、嫌なもの（嫌子）がなくなったので、
　　行動を繰り返す（嫌子消失による強化）

③：行動の後に、嫌な結果（嫌子）が出たので、
　　行動を繰り返さなくなる（嫌子出現による弱化）

④：行動の後に、好ましいもの（好子）がなくなったので、
　　行動を繰り返さなくなる（好子消失による弱化）

【確認ワーク】

　それでは、確認ワークをやってみましょう。次の問題の例が、行動の４原則のどれに当てはまるか、考えてみてください。

　クイズに答えるような感じで気楽に回答してみてください。

【問題①】

Ｍさんは、同僚のＳさんの仕事を手伝った。

しかしＳさんから、「余計なことをしないで」と言われた。

Ｍさんは、あまり人の仕事を手伝わないようになった。

【問題②】

Ｋさんは、たくさんの苦手な仕事を抱えていた。

同僚のＯさんにその仕事を振ったら、Ｏさんが引き受けてくれた。

Ｋさんは、よく仕事を同僚に振るようになった。

【解　答】

問題①の解答は、「③：行動の後に、嫌な結果（嫌子）が出たので、行動を繰り返さなくなる（嫌子出現による弱化）」です。

仕事を手伝う、という行動が弱化されてしまいました。残念ですね。

問題②の解答は、「②：行動の後に、嫌なものがなくなったので、行動を繰り返す（嫌子消失による強化）」です。

こちらの解答はわかりましたでしょうか。ちょっと難しいかもしれませんね。

もともと持っていた嫌子（苦手な仕事）が、他の人に振るという行動の結果、なくなったのです。そして、仕事を振るようになる。嫌なことがなくなって、行動が繰り返されるようになったので、「嫌子消失による強化」となるわけです。

この4つのキーワードの組み合わせによる、行動の4パターンの原則が分析できるようになると、人の行動の見方は180度変わります。

いままでは、「やる気がないから手伝わないんだ」とか、「すぐに仕事を振るタイプだ」などのように、内面を原因にしていたり、レッテルを貼ったりして、個人を攻撃していたかもしれません。

これが、科学的な原理原則に則って、こんなしくみで行動するようになったとか、行動しなくなったというように見えてきます。

　どうして、行動するのか、しないのか、がパッと分析できるようになるのです。

　もう一度、図にまとめておきましょう

【４つのキーワード】

| 強 化 | 弱 化 | 好 子 | 嫌 子 |

【行動の４パターン】

①：好子出現による強化

②：嫌子消失による強化

③：嫌子出現による弱化

④：好子消失による弱化

1-4 ＡＢＣ分析で行動をみる

▶「ＡＢＣ分析」とは

前項では、時系列に行動の流れを見る図が、何度か出てきましたが、このように行動の前後を見て、分析することを、「ＡＢＣ分析」といいます。

「ＡＢＣ」は、それぞれ該当する英語の頭文字を取ったものです。
Ａ：先行条件（Antecedent）
Ｂ：行動（Behavior）
Ｃ：結果（Consequence）

前項で取り上げた問題①を、再度、ＡＢＣ分析として見てみましょう。

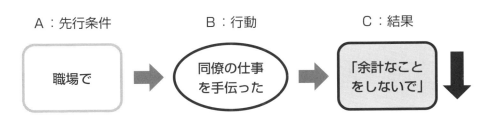

この場合、次のようなＡＢＣ分析となります。
- 行動の前には、どのような状況や条件があるのか（Ａ：先行条件）
- どんな行動をするのか（Ｂ：行動）
- 行動の後には、どのような結果が現われるのか（Ｃ：結果）

この、行動の前後を見た一連の流れを分析するのが、ＡＢＣ分析です。ＡＢＣ分析をした結果、どうしてこのような行動が起きてい

るのかの原因を見つけやすくなります。

　そして、分析を行なうと、どこに原因があって、行動が起きずにいるか、ということがわかりやすくなってきます。

　先ほどの例でいうと、同僚の「余計なことをしないで」という発言が嫌子であって、それが「手伝う」という行動の直後に現われたことによって、行動が弱化されていると分析できます。

　前ページ図のように、行動を弱化している嫌子であれば、下向きの矢印をつけると、嫌子で弱化していることがわかりやすくなります。逆に、行動を強化している好子なら、上向き矢印をつけます。

　ここから、何をどう変えたら、望ましい行動が引き起こされるかどうかの、改善案が考えられるようになってきます。

　主観にとらわれずに、ぜひこのＡＢＣ分析ができるようになりましょう。ＡＢＡマネジメントの基本となる部分です。

【確認ワーク】

　また、ちょっとしたワークです。気楽にやってみましょう。

　次の例題の文章を、「Ａ：先行条件」「Ｂ：行動」「Ｃ：結果」の流れに分ける「ＡＢＣ分析」に置き換えてみましょう。職場でよくありそうな、ちょっと残念な例です。

【例】「シーンとしている会議の場で、新人のＦくんが発言したところ、つまらない意見を言うな、と上司に言われた」

　この文章をＡＢＣ分析して、下の空白に言葉を入れてみましょう。

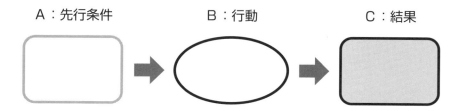

【解　答】

　これが、Fくんの発言のABC分析です。
　ちなみに、これは、「嫌子出現による弱化」です。
　このような経験をしたFくんは、きっと会議の場での発言は繰り返さなくなっていきそうですね。

　さて、いよいよ、2章から改善をどのようにやっていくかに入っていきます。
　ここまで、ABA（応用行動分析学）について知り、行動の4原則とABC分析を学んできました。
　これらは、人の現実的な行動変容を実現するための、基本的な知識です。
　次のステップでは、このFくんの例を使って、Fくんが会議の場で、発言するという行動がどんどん出るような改善を行なっていきます。

山本五十六のＡＢＣ分析

> やってみせ、言って聞かせて、させてみせ、
> 　ほめてやらねば、人は動かじ。

　これは、海軍の連合艦隊司令長官、山本五十六氏の有名な言葉です。私は、管理職向けのセミナーや研修で、よくこの言葉を使います。
　人材マネジメントの本質を、これほどわかりやすく、シンプルにまとめているものは他にはないのではないでしょうか。個人的に大好きな言葉でもあります。

　この言葉には続きがあります。

> 話し合い、耳を傾け、承認し、任せてやらねば、
> 　人は育たず。
> やっている、姿を感謝で見守って、信頼せねば、
> 　人は実らず。

　こちらも素晴らしいですね。
　残念ながら、私の本を１冊読むよりも、この山本五十六氏の文章を読むほうが、人材マネジメントの本質がわかるのではないでしょうか。
　実は、この山本五十六氏の有名な言葉をＡＢＡ（応用行動分析学）的に考えると、よりわかりやすくとらえることができるのです。
　それに何より、ＡＢＡ（応用行動分析学）でやろうとしていることと、まったくといっていいほど同じことを、表現しているのです。

では、この言葉をＡＢＣ分析してみましょう。

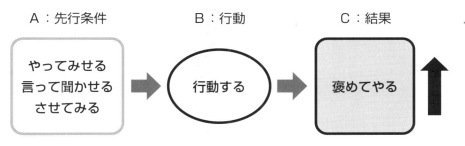

こんな感じになります。

　まず、放っておいても、なかなか人は動きません。動くための「きっかけ」が必要なのです。ＡＢＡの言葉では、これが「先行条件」になります。

【Ａ：先行条件】　　　　　　【Ｂ：行動】
- 信号が青になる　　　　　⟶　道路を渡る
- よーいドン！　　　　　　⟶　走り出す
- トイレの看板がある　　　⟶　トイレに入る
- 地図がある　　　　　　　⟶　迷わず進める
- 説明書がある　　　　　　⟶　機械が動かせる
- 子どもが泣く　　　　　　⟶　親があやす

　実は、まったく何もない状態の先行条件から、人が行動を起こすということはありえません。
　何もきっかけをもらわずに、自分自身で行動したと思われることでも、実は気づいていないだけで、昔の記憶を思い出したというきっかけであったり、読んだ本で印象に残ったことや、以前に言われたことが頭に浮かんだりしたことをきっかけとして、引き起こされているのです。

行動するための、何かしらの「きっかけ」があることは決して悪いことではありません。

　山本五十六氏も、まずは「やってみせて、言って聞かせて、させてみせ」と言っています。

　これは、「きっかけ」を与えるという先行条件を設定しているのです。

　しかし、それだけではダメだと言っています。

　やらせっぱなしではなく、行動した後に、褒めてやらないと、やはり人は動かないと言っているのです。

　ＡＢＡ（応用行動分析学）的な言い方では、「Ｃ：結果に好子を出現させる」ということになります。

　「Ａ：先行条件」で、明確にきっかけを与え、「Ｂ：行動」したら、「Ｃ：褒める」という好子を出現させる。

　まさしく、「好子出現による強化」ですね。

　ＡＢＡ（応用行動分析学）は、やはり行動の原理原則なのだと、山本五十六氏の言葉を聞いたり使ったりするたびに、私は、ちょっとした感動をもらっていたりします。

2章

ABAマネジメントで
行動を変える

Applied

Behavior

Analysis

MANAGEMENT

2-1 ＡＢＣ分析から、改善案を考える

▶ 分析から改善へ

　新人のＦくんは、会議ではあまり発言しません。まわりからは、消極的な人だと言われています。ゆとり世代だからダメなんだ、という声もあがっています。
　さて、あなたはこれからＦくんの行動を変えていかなければいけません。どのように改善したらよいのでしょうか？

　この本をここまで読んできたあなたは、上の文章の問題点に気づかれたかと思います。
　まず、「消極的な人」ということは、循環理論になって、レッテルを貼っている状態です。
　会議で発言しないという行動傾向を、別の主観的表現で言っているだけですね。「ゆとり世代だから」というのもレッテル貼りです。
　改善の可能性を少なくしてしまっているだけで、これらのレッテル貼りの表現は決して行動の原因ではありません。
　そして上記の考え方だと、おそらく、Ｆくんの内面を積極的にして、会議で発言できる人にしよう、という取り組みになるかと思います。

　しかし、あなたはＡＢＡマネジメントを身につけたマネージャーです。まったく別のアプローチから、このＦくんの行動を変えていくことができる人なのです。
　そこで、どのように行動を変えていったらよいか、みていきましょう。

●ABC分析を行なう

　Fくんがどうして発言しないのか、事実を観察し、ABC分析を行ないます。その結果、57ページであげた次の分析をすることができました。

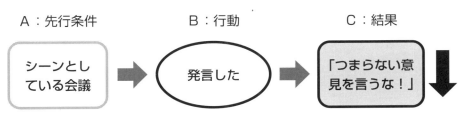

A：先行条件　　　B：行動　　　C：結果
シーンとしている会議　→　発言した　→　「つまらない意見を言うな！」

　分析した結果、「嫌子出現による弱化」が起きていると考えられます。Fくんが発言をした直後に、上司が「つまらない意見を言うな！」と言ったことが嫌子として働いて、行動を弱めていると考えられます。

　原因は、Fくんの内面ではなく、嫌子が出現する会議の環境にあると判断します。

　もう一つ、Fくんが発言しづらい環境が、このABC分析のなかにあります。それが何であるか、見つけられますでしょうか？

　実は、行動が起きるか・起きないかを決める要素は、Cの結果だけではなく、**Aの先行条件にも存在する**のです。

　「A：先行条件＝シーンとしている会議」が、それです。

　シーンとしている会議の場では、発言するという行動が引き出されにくくなってしまっています。ここにも、改善の可能性が見つけられそうですね。

　発言のあとの嫌子（Cの結果）、シーンとしている会議（Aの先行条件）、ここらあたりに改善の余地がありそうです。

▶改善案を考える

嫌子が出現することで、行動が弱化されるのであれば、好子を出現させて、行動を強化すればいいのです。

つまり、Fくんが発言したあとに、何かよいことが起こるように変えていきます。どのような改善案があるでしょうか。ちょっと考えてみましょう。

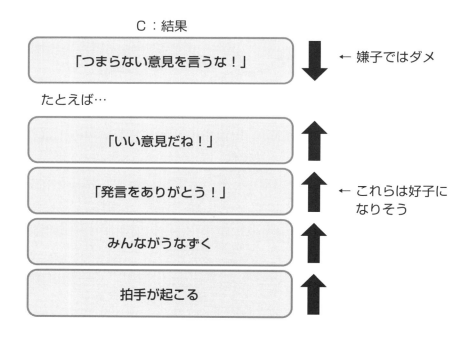

このように、発言したあとに、好子となりそうな結果を出現させるようにするのです。環境を変えて、行動を強化する改善方法です。

もう一つ、「シーンとしている会議」も、改善できそうなことですね。発言しやすくなるような、会議の状況にはどんなことが考えられるでしょうか。

A：先行条件

| シーンとしている会議 | ← 行動を引き起こしにくい |

たとえば…

| 笑顔でにぎやかな会議 |

| ドンドン発言しよう！ | ← 行動を引き起こしやすい |

| 紙に書いて発表する |

| 外でのランチミーティング |

　このように、より発言を引き起こしやすい先行条件をつくることも、行動を変えるやり方の一つです。

　「Ｃ：結果」は、行動を繰り返させるための「フィードバック」であり、「Ａ：先行条件」は、行動を引き起こす「きっかけ」となるものなのです。

　さて、改善案を入れたＡＢＣ分析は次のようになります。

　いままで、消極的というレッテルを貼られていたＦくんは、会議では毎回、自分で発言するようになってきました（発言をする行動が強化された）。

　すると、まわりの評判も「Ｆくんって、最近、仕事に対して積極的になってきたよね」と変わってきました。

　そして今度は、「積極的」というレッテルが貼られたのです。

　これは、内面からではなく、行動から先に変えていっています。

つまり、消極的なＦくんを、積極的なＦくんに変えたＡＢＡマネジメントということです。

▶改善案のＡＢＣ分析

「Ａ：先行条件」と「Ｃ：結果」の改善案をＡＢＣ分析にしてみましょう。

すると、こんな感じになります。

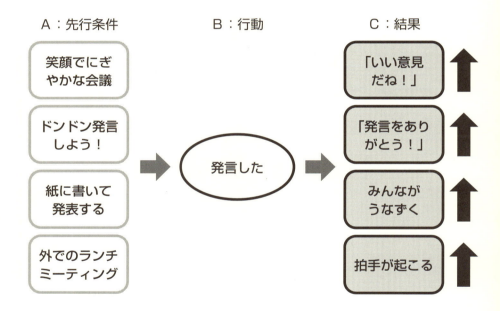

いかがでしょうか。

Ｆくんの、「発言する」という行動は、改善前に比べて、かなり増えてきそうな気がするのではないでしょうか。

これらの改善案のうち、より効果的に発言が増えるようなものを見つけ、それを職場での決まり事として、しくみ化するのです。

最初は「Ａ：先行条件」を「きっかけ」として使って、発言という行動を引き出すようにして、「Ｃ：結果」に好子となりそうな「フィードバック」を出現させ、行動を強化していくのです。

2-2 行動の主体は誰か？

●本人しかできないこと、まわりができること

ここで、「A：先行条件」「B：行動」「C：結果」のそれぞれについて、行動の主体が誰になるか、に注目してみましょう。

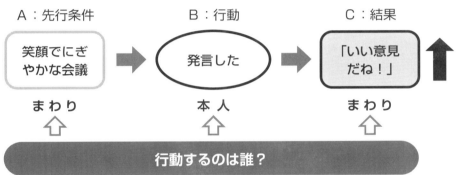

「A：先行条件」は、「まわり」でできること、「B：行動」は、「本人」しかできないこと、「C：結果」は、「まわり」でできることです。

このように、それぞれ誰が働きかけをすることができるか、と考えると、「B：行動」は、結局のところ本人にしかできず、最終的に、まわりにはどうしようもできないことなのです。

しかし、「A：先行条件」と「C：結果」は、まわりでやろうと思えば、いくらでもやれることなのです。

人の行動は、「きっかけ」で引き起こすことができ、「フィードバック」で自分から繰り返すようになっていくものです。

この「きっかけ」と「フィードバック」を考えて、行動が引き起

こされ、そして繰り返されるようにするには、どこをどのように変えていけばよいのかを、職場の問題として考え、実施していくことが大切です。

それがABAによる行動変容のマネジメントであり、職場にそのしくみを備え付けていくことで、多くの社員の行動を変えていくことができるのです。

▶カウンターコントロールの効用

ABA（応用行動分析学）の専門用語に、「**カウンターコントロール**」というものがあります。これは、行動自体を直接変えようとすると、それには反発が出るというものです。

たとえば、歩いている途中で目の前に邪魔な人がいると、「ムッ」としてしまいますね。車の運転などでも同様です。

現場で働いている人たちに、いままでのやり方などに対して、人事部門から「次からはこうやって」などと指示しようものなら、猛反発が起きてしまいそうです（ABAを知らないときの私は、よくこの失敗をしていました）。

これは、人間だけではなく、動物も同じです。

エサを食べているときに邪魔をしたり、毛づくろいをしているときに足を持ったりしたら、動物は攻撃的になります。

行動自体を無理やり変容させようとすると、このように人間（動物）は、攻撃的になってしまうのです。

まわりでできることに力を入れ、抵抗感なく行動を引き出し、自ら繰り返すような、「きっかけ」と「フィードバック」をつくっていくことが大事というわけです。

2-3 ＡＢＡの使える知識「消去」とは

▶「消去」の原理

　ここからは、少しおまけの知識を説明していきます。
　この本のテーマである、「自律型社員を育成する」という点からは必須の知識ではないので、先にメインテーマについて知りたい、という方は、ここから先は飛ばして、次の３章にお進みください。
　一方、もっとＡＢＡ（応用行動分析学）を使えるようになりたい、どんな理論やノウハウがあるか知りたい、という方は、ぜひここから２章の終わりまで、じっくりとお読みください。より、ＡＢＡ（応用行動分析学）が面白くなってくることでしょう。
　実際に、日常のまわりの人の行動や、自分自身の行動を変えることにも、きっとお役に立つと思います。

　まずは、「**消去**」という概念です。
　ちなみに、この「消去」というものをうまく使えるようになると、いわゆる「アメとムチ」ではなく、「アメとアメなし」のマネジメントができるようになってきます。

> **「それまで強化されていたものが、行動しても好子が出ない、もしくは嫌子がなくならないと、行動しなくなる」**

　これが「消去」の概念ですが、やはり、これだけではちょっと難しいですね。
　こんなときは、また例で考えてみることにしましょう。

【消去の例】

● 毎朝、子どもに「おはよう」と声をかけたら、笑顔で「おはよう」と返してくれていた。
● しかし、思春期になったら返事をしてくれなくなってきた。
● 私も「おはよう」と声をかけなくなった。

いままで、「子どものおはようの返事」が好子になって、「おはよう」と声をかける行動が強化されていたのですね。

ところが、そのうち好子が出現しなくなったので、それまで強化されていたあいさつが消去されてしまいました。

実は、世の中にはこのような「消去」の例が、以下にあげるようにたくさんあります。

● パソコンの電源スイッチを押す（行動）と、電源がついていた（好子出現）のが、いくら押しても電源がつかなくなったら（好子なし）、電源スイッチを押さなくなった（消去）
● ボールペンを紙に乗せて滑らせたら（行動）、字が書けていた（好子出現）が、インクが切れて書けなくなったら（好子なし）、ボールペンは使わなくなった（消去）
● まわりに会社の悪口を言う（行動）と、まわりが「そうですね」と反応していた（好子出現）が、そのうちまわりが嫌になって反応しなくなったら（好子なし）、悪口を言わなくなった（消去）

どれだけ、私たちはふだんの行動が、好子によって強化されているかが、わかりますね。

ちなみに、最後の例は、望ましくない行動が強化されて、たくさんやってしまうようになるケースです。反応することが好子になって、ダメな行動が強化されていることが多くあります。

何が好子になっているかを、ＡＢＡ分析で見つけることで、その好子を出さなくすることにより、消去することができるのです。

70

2-4 ＡＢＡの使える知識 「消去バースト」とは

▶「消去バースト」の現象

　続いては、行動が「消去」されるときについてくる、面白い現象である「消去バースト」です。
　「バースト」という言葉のイメージがぴったりの、大変面白い現象を取り上げてみます。

> 「強化されていた行動が、消去される前に、
> 一次的に爆発的に増える現象」

　これが「消去バースト」の概念ですが、まずは例をみていただくとわかりやすいかと思います。

【消去バーストの例】

> 朝、リビングの電気をつけようと壁のスイッチを押したが、電気がつかない。何度もスイッチをガチャガチャ押したが、結局つかなかったので、スイッチを押すのはあきらめて、そのままにした。

　もともとは、スイッチを押すという行動は、「電気がつく」という好子が出現することによって、強化されていました。
　ところが、電球が切れたか何かで、スイッチを押しても電気がつかない（好子が出現しない）と、スイッチを押す行動はしなくなります（消去される）。

しかし、この消去される直前に、一時的に行動がたくさん増えたり、強さが強くなったりします。これが、「消去バースト」です。たとえば、以下にあげるようなことです。

● 自動販売機で、ボタンを押しても缶ジュースが出てこないと何度もボタンをたたく
● ボールペンで字を書いていたが、途中からインクが出なくなったら、強くグルグルとペンを押し付ける
● 子どもが泣いていたら、いつもお母さんがかまってくれていたのに、かまわないようにしたら、もっと泣くことがひどくなった

消去バーストについては、これをうまく活用しようというよりも、行動が消去される前には、この現象があるということを知っておきましょう。

実際に、消去は、ダメな行動、望ましくない行動をやめさせたいときに用いることが多くなります（アメなしで行動を減らす）。

しかし、いままで強化されていたものを消去しようとするときには、多かれ少なかれ、必ずこの「消去バースト」が起きることを知っておきましょう。

好子を出現させない、もしくは嫌子を消失させなければ、最終的に行動は消去されます。

ただし、その過程で起きる消去バーストのときに、反応してしまったりすると、さらに強化されてしまい、ダメな行動がなかなか消去されない、ということが起きてしまいます。

もっと行動すれば、もっと強くすれば、もっとたくさん行なえば、好子が出てくるのでは、と学習してしまうのですね。

繰り返しになりますが、**消去する際には、消去バーストがあること**を理解しておきましょう。

2-5 ＡＢＡの使える知識「確立操作」とは

◉同じものでも価値が変わる「確立操作」

「確立操作」とは、初めて聞くような専門用語で、とまどわれるかと思いますが、わかってしまえばそんなに難しくはありません。「確立」であって、「確率」ではないところに注意してください。

そして、これもうまく使うと非常に効果的なものなので、ぜひ知識を身につけて、活用できるようにしていきましょう。

> 「好子や嫌子の力を強めたり、弱めたりする操作のこと」

これが「確立操作」の概念です。同じ好子、たとえば、私は「サバの塩焼き」が大好物なのですが、時と場合によっては、この「強さ」が大きく変わってきます。

- 朝から何も食べずに、やっと夜に食事にありつけた、1か月ぶりに食べる「サバの塩焼き」
- 直前に外食をした後で、お腹がいっぱいのときに、昨晩食べた残りが今日も出てきた「サバの塩焼き」

同じ「サバの塩焼き」でも、食事をするという行動をより強化する好子としての強さが大きく変わるのですね。好子としての強さを確立する、先行条件の操作のことを「確立操作」というのです。

わかりやすい例でいうと、上の例のように「遮断」されていて出てくる好子や嫌子か、逆に「飽和」していて出てくる好子や嫌子では、その強さが違うというイメージはわかりやすいのではないでし

ょうか。

このときの「遮断」することや「飽和」させることを、「確立操作」といいます。

動物のトレーニングをする際には、エサを好子として使うことが多いのですが、そのエサをより魅力的なものにするためには、食事を「遮断」してから、トレーニングに臨むようにしたりします。

その他にも、いろいろあります。

たとえば、同じ「お菓子」であっても、「期間限定！」「ご当地限定！」「先着10名まで！」とすると、その価値が高まり、「買う」という行動がどれだけ強化されるかも変わってきます。わかりやすい確立操作の例ですね。

また、同じ「ダイエットグッズ」であっても、「○○大学教授推薦！」「30kgの減量に成功したあの芸能人のお墨付き！」というような確立操作でも、やはり変わってきそうです。

そして、流行りすぎて、皆が持って当たり前になってくると、今度はそんなにほしくない──これも確立操作です。

毎日毎日、「君はすごいよ！」と褒めてくれる上司の承認の言葉と、ふだんはあまり褒めてくれない上司からの、レアな「君はすごいよ！」という承認では、かなり行動に与える影響も違ってきそうです。

最近は、褒めることで部下の動機づけを図ろう、育成につなげようというやり方が主流となってきていますが、この確立操作の効果も、頭に入れておいて、うまく「さじ加減」を図る必要がありそうですね。

2-6 ＡＢＡの使える知識「プロンプト」とは

▶ だれでも最初は「補助」が必要

　大縄跳びで遊ぶ際に、なかなかタイミングが取れずに、大縄のなかに入れない子がいます。こんなとき、あなたならどうしますか？
　「せーの！」というように、入るタイミングを声で指示したりするのではないでしょうか。この「せーの！」にあたるものが、「**プロンプト**」です。その概念は次のとおりです。

> 「行動の直前に指し示され、正しい行動をする
> 手助けになるヒントとなるもの」

　政治家が演説をするときなどに、立っている斜め前ぐらいに「透明な電子の板の装置」が置いてあるのを見たことはありませんか？ あの装置を「プロンプター」といいます。
　演説で次に話す内容や言葉が、その板に映し出されているのですね。つまりこれは、正しい演説をするためのヒントとなる「プロンプト」なのです。

　プロンプトの例をいくつかあげてみましょう。
　たとえば、初めて来た駅で、目的のホームにたどり着くためには、色分けされている案内板を見ながら向かったりしますね。この案内板がプロンプトです。
　また、初めて注文のあったお客様のところに商談に行き、どこで金額提示をしたらいいかわからない部下に対して、横から「では、そろそろ…」と上司がヒントを出すことで、正しいタイミングを指

示することがあります。この「では、そろそろ…」もプロンプトです。

　もっと単純な例でいうと、会議の場などで、「A君、何か意見はないか？」というのもプロンプトです。

　日常には、補助的なヒントがたくさんあり、それを手がかりに人は行動をしています。上記のような駅の案内板のほか、手順書や操作マニュアル、タイマー、上司の声がけ、上司の手本等々が補助的なヒントになるといえます。これらの補助的なものは、まだまだ経験が足りなく、スキルが不足している場合には、適切に行動してもらうために必要になってきます。

▶プロンプト不足とプロンプト依存

　企業の組織でありがちなのが、プロンプトを一切提示せずに、やらせたりする上司が存在することの問題です。

　たとえば、初めてのプレゼンのときに、プロンプトを何も出さずに、できない部下に対して「自分で何とかするのが社会人だ」などと個人攻撃をする。使ったことのないシステムにとまどっている部下に「なんでこんなものがわからないんだ」と同じく個人攻撃をする——これでは、部下の正しい行動は出現せず、ひいては組織のパフォーマンスも低くなっています。往々にしてこのような上司の「**プロンプト不足**」を目にすることがあります。

　一方で、「**プロンプト依存**」という問題も存在します。

　本来、プロンプトというのは、慣れてきたら、それがなくても正しい行動ができるものです。何回か来たことのある駅なら案内板がなくてもたどり着けますし、使い慣れてくれば、手順書がなくても操作できるようになるのです。

　しかし、いつまで経っても、プロンプトに頼ってしまって、適切な行動が身につかないとしたら、これもやはり問題です。

　最初はプロンプトを提示し、徐々に減らして、いずれプロンプトがなくてもできるようにする——これが、上司の部下育成の腕の見せ所なわけです。

2-7 ＡＢＡの使える知識 「般化」とは

◉研修の場ではできたのに、職場ではできない

「Ａさんは、研修の場では誰よりも大きな声であいさつしていたのに、職場ではからっきしだね。本番に弱いタイプなのかな」

このような声を聞くことが多いです。しかし、「本番に弱いタイプ」という表現は、レッテルを貼り、循環理論に陥っているので適切ではありません。ＡＢＣ分析をすれば、必ず原因が別に見つけられます。

この場合は、研修の場では強化されていたものが、別の環境に変わった際に「般化（はんか）」が不十分だった、ということが考えられます。

> 「ある特定の刺激により起きる行動が、似たような別の刺激でも同様に起きるようになること」

これが、「般化」の概念です。

初めて見た形の信号機でも、おそらく進んでいいか、止まれなのかの区別がついて、進むことができます。初めて手にした水筒であっても、おそらくフタを開けることができます。

本来は、異なる先行条件であっても、近いもの、似ているものであれば、対応できるのです。「応用できる」というとわかりやすいでしょうか。人間の素晴らしい能力ですね。

しかし、この般化があまり行きすぎると、危険にもなります。道路に設置されて、光がつくものは同じ刺激として般化が進みすぎると、信号が光っている場合は、すべて歩き出したりしてしまいます。

般化は、区別との絶妙なバランスで機能しているのです。子どものころ、お医者さんに注射を打たれ、痛い思いをしたために、白衣

を着た人を前にすると、逃げたくなるのも般化といえます。

　初めて来た場所でも、ここはフォーマルに振る舞う場所だ、あるいはここはリラックスして休める場所だ、と判断して行動できるのも、般化という力があるからです。

▶「Ａ：先行条件」も「Ｃ：結果」も異なる

　一方で、同じ人間であっても、あの人の前だとうまくできるのに、この人の前だとうまくできない、というように般化にならずに区別されてしまうことも起きます。研修ではうまくできるのに、職場ではダメ、というのも同じですね。

　ＡＢＣ分析で、少し分析してみましょう。まずは研修の場から。

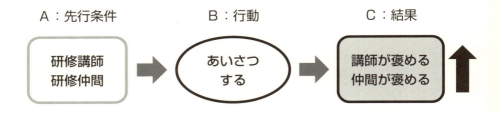

　次に、職場でのＡＢＣ分析です。

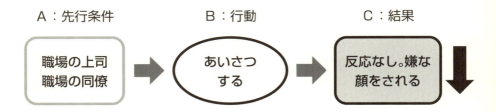

　実は、研修ではうまくいくのに、職場ではパフォーマンスを発揮できないパターンでは、このように行動の前後のＡもＣも大きく異なるケースが見受けられます。研修の場と、本来の職場では、その環境の違いが与える影響が大きいわけです。

2-8 ＡＢＡの使える知識「行動コスト」とは

▶コストが大きいとやらずに、小さいとやる

　弊社でセミナーをする際には、リラックスしてもらうのと、脳に糖分を送るために、チョコレートやクッキー、飴などのお菓子を用意しています。

　そして、セミナー後にこのお菓子が余ってしまうのですが、私はついつい仕事中に食べてしまうのです。ダイエットに取り組んでいるにも関わらず、です。

　これは何が悪いのでしょうか。私の意思の弱さでしょうか。たしかに、そのとおりではあるのですが、意思のせいにしないのが、ＡＢＡマネジメントです。

　これは、「**行動コスト**」が少ないことが原因と考えます。行動コストの概念は、次のとおりです。

> 「行動にたくさんのコストがかかると行動せず、
> 少ないコストだと行動する」

　これは、一般的には「完全な言い訳」になりますが、先ほどの私がお菓子を食べる、という例で考えてみましょう。

　セミナー後には、すでにお菓子が袋から開かれた状態で、お皿の上に置いてあり、お菓子を食べるためには、「ワンアクション」でたどり着けます。非常に行動のコストが少なくて済んでしまうのです。まさしく、ちょっとつまみ食いし放題状態なわけです。

　一方、セミナーを開催していないときは、お菓子は事務所の奥のほうにある食器棚の一番上の扉付きの棚に、蓋のついた缶の中に入

れてしまっています。このときは、私のお菓子のつまみ食いという不適切な行動は引き起こされていません。

お菓子を食べるまでに、たくさんの行動をしないとたどり着けない、つまり行動コストが大きいからだと考えられます。一般的な言い方をすれば、「面倒くさいから」でしょうか。

この「行動コスト」のコントロールも、つくることのできる環境の一つです。

なかなかやろうと思ってもできていない、望ましい行動があれば、そこに至るまでに、どれだけの行動コストがかかっているのか。逆に、不適切なのに、ついついやってしまう行動があるのであれば、同じくどれくらいの行動コストでたどり着いてしまっているのか…。望ましい行動には、できるだけ行動コストを減らし、不適切な行動には、できるだけ増やすような環境の設定をしていきましょう。

意思の力よりも、はるかに現実的な改善につながります。

▶人事評価制度でも、行動コストは重要

私は、人事評価制度の構築の仕事なども多く行なっていますが、ここでもこの「行動コスト」をとても重要視して取り組んでいます。人事評価制度の成功のポイントは、期間中にどれだけ評価項目について、上司と部下のコミュニケーションが取れるかどうかが重要なのです。

その評価項目などをお互いに確認するのに、パッと見られて、パッと話せると、ふだんからコミュニケーションが増えていきます。しかし、鍵のついたロッカーや引き出しのなかにしまっていたりする場合や、データ管理でサーバーのなかにあり、ログインしてパスワードを入力して、選んで出して…などをしないといけない場合などでは、期間中に見ることはなくなってきます。行動コストがかかりすぎるのですね。

行動コストは、工夫すれば行動するか・しないかを劇的に変えることができます。ぜひ活用しましょう。

2-9 ＡＢＡの使える知識「強化スケジュール」とは

▶毎回なのか、たまになのか

　行動したあとに、好子が出現することで、行動を繰り返すようになることを「強化」といいました。
　この「好子」が、行動するたびに毎回出現するのか、それとも2回に1回なのか、それとも完全に不定期なのか——どのような「スケジュール」で出現し、どのように強化しているのかを表わすのが「強化スケジュール」です。その概念は次のとおりです。

> 「どのような間隔とタイミングで、好子が提示されるかをスケジュールで表わしたもの」

▶「連続強化」とは

　行動したあとに、必ず好子が出現することを「**連続強化**」といいます。たとえば、次のようなことです。
- 自動販売機でボタンを押したら、毎回ジュースが出る
- リモコンのスイッチを押したら、ＴＶがつく
- 家族に「おはよう」というと、必ず「おはよう」と返事がくる

▶「部分強化」とは

　行動したあとに、好子が出現することもあれば、出現しないこともある場合を「**部分強化**」といいます。たとえば、次のようなことです。
- くじを引いたら、当たりになることもあれば、当たらないことも

ある

● ほしいものをねだったら、買ってくれるときもあれば、買ってくれないときもある

● 仕事で成果を出したら、上司が褒めてくれるときもあれば、褒めてくれないときもある

　面白いのは、「連続強化」よりも「部分強化」のほうが、行動は継続して、消去されにくいという点です。

　毎回、当たりが出るよりも、出たり出なかったりするほうが、いまは出なくても次は出るかも、と学習するからか、行動はなかなか消去されずに継続する傾向があるのです。

　よく、部分強化はギャンブルにたとえられます。ゲームなどに、はまる場合もそうでしょう。

　毎回当たったり、ご褒美が出ると飽きてしまいます。

　一方、いつまでやっても当たりが出ないと、行動は消去されてしまいます。消去になるギリギリぐらいのところで、大当たりになると、おそらく一番「ハマる」のでしょう。どんどん継続して行動してしまうことになります。

　この、どれくらいのタイミングで好子を提示すると、どれくらい行動が継続するのかということを、「強化スケジュール」で実験したりするのです。

　部下が進んでどんどん行動するようにさせるのが得意な上司は、きっと部下を褒める「強化スケジュール」を絶妙なタイミングで活かしているのではないでしょうか。

2-10 ＡＢＡの使える知識「生得性と習得性」とは

●お金は最初からもともと好子？

「お金」は好きですか？　と聞かれたら、「当たり前だ」と答えられるかもしれません。

ほとんどの人に、「お金」は好子として強力に働きます。お金という好子が提示されるために、働くことが強化されるというのも、当たり前のことです。

でも、生まれたばかりの赤ちゃんにとっては、「お金」は好子にはなりません。赤ちゃんには、母乳だとか、スキンシップみたいなものが、強力な好子として働きます。

実は、このように好子には、生まれもって好子となるもの、あとから好子に変わるもの、というような区分があるのです。嫌子も同様です。

> 【生得性】
> 「生まれたときから好子（嫌子）になるような刺激」
> 【習得性】
> 「最初は好子でも嫌子でもないが、あとからその性質になるような刺激」

「**生得性**」の好子には、たとえば、食べ物や水、適切な温度や湿度、人とのふれあい、性的刺激などがあります。生きるために必要なものが多いでしょうか。

「**生得性**」の嫌子のほうには、大きな音や、痛い刺激、過度な温度など、生きるために避けるべきものが当てはまります。

一方、「**習得性**」の好子、嫌子は、育ってきた環境などにより、個人ごとに違うものが該当します。

▶ 習得性の好子・嫌子は人によって異なる

習得性の場合、人によっては好子として働いても、別の人には好子にならないケースもあり得ます。嫌子も同様です。

みんなの前で褒められることが好子だと思って褒めてあげても、その人が以前、みんなの前で恥をかかされた経験などがあり、それと似たような状況になることで、褒められることが嫌子として働くこともあったりするのです。

食べ物の好き嫌い、嗜好品の好き嫌い、注目されること・目立つことの好き嫌い、趣味の好き嫌いなどについても同様です。

これらは、育ってきた過程のなかで、たまたま他の好子と一緒に出てきたために好子になったり、逆に他の嫌子が出たときに同時に出たりして嫌子としての機能をもったりするなどして形成されていっているのです。

本当に好子なのか、それとも嫌子なのか、あるいはどちらでもないのかは、実際に行動が強化されるか、弱化されるかで初めて明らかになるものでもあるのです。

そうはいっても、たいていの人に共通で好子として働くという傾向はもちろんあります。お金などはその最たるものです。

生得性の好子である食べ物や水などが、お金と引き換えに入ってきたり、すでに好子として機能しているものが、お金があれば手に入ったりするわけです。

当然に、いずれはお金自体が、たいていの人にとっての強力な習得性の好子になっていくのです。

2-11 ＡＢＡの使える知識「対提示」とは

▶ パブロフの犬からわかること

「対提示」は「ツイテイジ」と読みます。有名なところでは、パブロフの犬の例があげられます。

もともと、「ベルの音」というのは、犬にとって好ましいものでも、嫌なものでもない中性の刺激です。

しかし、毎回エサという生得性の好子と一緒にベルの音が鳴ることで、ベルの音自体が好子としての機能をもつようになるのです。

> 「ある刺激が、別の刺激と一緒に提示されること」

これが対提示の概念ですが、パブロフの犬の例では、ベルの音がエサと対提示されることで、ベルの音自体が好子になり、ベルの音でよだれが出るようになるわけです。

わが家のネコも、クリッカーという器具を使ってカチッ、カチッという音を、最初に毎回エサを出すのと対提示することにより、クリッカーのカチッという音自体が好子になりました。

トレーニングにおいても、お手という行動をしたタイミングから、できるだけ間髪入れずに好子を提示したいため、エサだけで好子を出すよりも、音で早めに提示したほうがトレーニングの効果が出やすくなるのです。

そのほか、気づいていないだけで、よくよく考えてみると、世の中は対提示にあふれていたりします。

▶対提示の具体的な例

　たとえば、ＣＭが好例です。テレビや雑誌などで、好感度の高い有名なタレントや俳優、スポーツ選手などが商品を宣伝しています。好感度の高い有名人は、好子としての要素が多くあるので、それと一緒に「対提示」される商品の好感度も上がるわけです。

　ただし、逆のケースもあり得ます。スキャンダルなどで印象が悪くなった有名人は、やはりＣＭには使われなくなってしまいますね。対提示される商品も悪い印象になってしまうからです。

　最近ではＳＮＳなどで、有名人と一緒に映っている写真や、話題のカフェで人気の料理などを自分と一緒に公開したりしています。これも対提示の一つで、印象アップにつながったりします。

　子育てなどでは、薬を飲ませるときに、好きなおもちゃで遊んでいるときに一緒に飲ませたり、好きな食べ物と交互に飲ませたりして、できるだけ、よいものに転換できるように対提示をしているのです。

　たとえば、デートなどのときに、とても素敵な風景の場所で、心地よい空間のなかで美味しい料理と一緒に「対提示」されれば、その人自身も、きっと相手の人の「習得性の好子」になるのかもしれませんね。

Break Time

好子な上司と嫌子な上司

　好子となる上司（好かれる上司）と、嫌子となる上司（嫌がられる上司）とでは、いったいどこで差ができるのでしょうか？
　キーワードは、２－11項で取り上げた「対提示」です。
　もともと、初めて接する段階では、上司はその部下にとって、好ましいものでも、嫌なものでもありません。中性刺激なのです。
　しかし、その上司と長く一緒にいると、その他のいろいろな刺激が出現します。「対提示」されるわけです。
　そして、その上司と一緒にいると、いつも怒られる、ダメ出しされる、嫌な顔をされる、バカにされる…、というように、嫌子と一緒に「対提示」されることにより、はじめは中性刺激だった上司そのものが、「嫌子」になってしまうのです。

「対提示」により、上司自身が「嫌子」になる

　すると、どのようなことが起こるでしょうか。
　嫌子である上司を避けるようになり、できるだけその上司がいないところで仕事をするようになり、コミュニケーションも取らなくなっていく、ということが起きてきます。上司を避ける行動の「嫌

子消失による強化」です。

　こうなってしまうと、仕事は進まないし、経験も積めず、技術も教えてもらう機会がなくなるので、スキルも身につきません。人は育たず、成果も出ない組織ができあがります。

　一方、好子と一緒に対提示される上司はどうでしょうか。

「対提示」により、上司自身が「好子」になる

　上司自身が好子になっていくと、部下もできるだけ一緒にいるようになります。指導も受けやすくなり、報連相をする機会も増え、コミュニケーションもよくとるようになります。

　したがって、人材育成も仕事の成果も実現できるようになってきます。

　上司自身が好子になるか、嫌子になるかで、組織のパフォーマンスは大きく違ってきます。できるかぎり、他の好子と対提示できるようにしていきましょう。

　美味しい食べ物をおごる、楽しいところに連れていく、といったことは、やはり効果的な手段なのかもしれませんね。

3章

ツールを使った
「ABAマネジメント」の手順

Applied

Behavior

Analysis

MANAGEMENT

3-1 ＡＢＡマネジメント実践の手順

▶シートを使いながら仮説を立てる

いよいよ「ＡＢＡマネジメント」の実践に入っていきます。

実際に、ＡＢＡマネジメントを用いて、職場の問題を解決に導いていきましょう。

この章では、職場のよくある悩みを、手順を追っていくつかのシートを使いながら進めていきます。

ここで使うシート類は、すべて巻末にダウンロードできるアドレスを記載していますので、ぜひ活用しながら、ＡＢＡマネジメントを実践してみてください。

使いこなすには、「慣れ」というのは必ず必要です。たくさんやればやるほど、改善案の「あたり」というものが、つけやすくなってきます。

職場で思いつく問題点をもとに、まずは気軽にゲーム感覚で試してみてください。机上の仮説でやる分には、何度でも失敗はできますので。

ツールであるシートを用いて、ある程度決まった手順でやるほうが、スムーズにやりやすいかと思います。

また、職場の皆で問題解決に取り組む際においても、共有しやすくなりますし、とても貴重な会社の蓄積資料、ひいては財産にもなっていきます。

本書では、私が実際に使っているツールで進めていきますが、より使いやすいように、どんどんカスタマイズしてみてください。

ただし、それぞれのシートには、それぞれの「目的」がありますので、「ここを省いたほうが使いやすい」というようなことで、そのシート自体の目的がなくなってしまうことだけは、避けてください。

それぞれのシートについては、その目的も記載しながら提示していきます。

●ＡＢＡマネジメントを進める手順

ＡＢＡマネジメントは、以下のような手順で進めます。

① 改善したいことと、その目的を明確化する
（【１】ＡＢＡマネジメント目的シート）

⇩

② 変容させたい具体的な行動を決める
（【２】ターゲット行動シート）

⇩

③ ターゲットとした行動をＡＢＣ分析する
（【３】ＡＢＣ分析シート）

⇩

④ 分析した結果から改善案を考える
（【４】ＡＣ改善アイデアシート）

⇩

⑤ 出てきた改善案の優先順位をつくる
（【５】改善実施シート）

この５つのシート使って、ＡＢＡマネジメントを実施していくのですが、最初のうちはもちろんのこと、慣れてきてからも、各工程をできるだけ飛ばさずに、着実に進めていってほしいと思っていま

す。

　それぞれのシートを提示しながら、工程を説明していきますが、その前に、実施するにあたって、次の二つのことに気をつけるようにしましょう。

● 改善策に飛びつかない
● やってみないとわからない

▶改善策に飛びつかない

　慣れてくると、ついつい途中の過程を飛ばして、「改善策に飛びつく」ということをしてしまいます。

　実は、これでうまくいかないケースがとても多いのです（私もよくやってしまった失敗例です）。

　たとえば、次のような職場での問題があったとします。

　「Ａ上司は、いつも大きな声で部下のＢさんを叱責している。職場の雰囲気を悪くするのでなんとかしたい」

　ここで、「上司は高圧的なタイプだ」として、その高圧的な性格を何とかしよう、というのは、循環理論における個人攻撃となるので、もちろんＮＧです。

　そうではなく、ＡＢＡマジメントを身につけた場合での改善だとしても、つい経験則から改善策に飛びついてしまうのです。

　「それは、部下が萎縮するという結果が、上司の大声での叱責を助長しているね。部下の反応を変えて、『わかりました！』と大きな声で答えるようにするとうまくいくよ」と結論を出してしまったりします。

　しかし、部下がそのように振る舞うようにしても、いつまで経っても改善できない…。再度、しっかり分析してみたら、「原因は、叱責したあとの部下の反応ではなく、Ａ上司の上長であるＣ部長の反応だった」というような、別の原因であることがよくあるのです。

　Ａ上司が大きな声で叱責すると、いつもそのあとでＣ部長が、「ま

あまあＡ課長。君は仕事への情熱がありすぎるよ。部下より能力が高いのだから、部下のレベルに降りていってあげないとね」というようなことを言っていたのでした。

部下のＢさんの反応が好子になって、Ａ上司の叱責という行動を強化していたのではなく、Ｃ部長の声掛けが好子であって、それがＡ上司の行動を強化していたのです。

経験則から、「きっと部下の反応が原因だ」と勝手に決めつけてしまった失敗例です。

これは、過去に実績があり、成功している人が陥りがちな失敗ですので、決めつけずに、その場では何が起きているのか、しっかりと分析するようにしていきましょう。

▶ やってみないとわからない

少し乱暴な言い方になってしまいますが、５つのシートで手順を追ってつくる改善策は、あくまでも仮説です。

ですから、その策が正解で、これをやれば大丈夫！　とは決めつけないようにしましょう。「やってみないとわからない」のです。

この、「やってみないとわからない」という前提を忘れてしまうと、「改善策を実施したのにうまくいかない。やっぱり、うちの部下はもともと向いていなかったんだ」などと、うまくいかない原因を個人の内面にもっていってしまうことになりがちです。人の見えない内面を原因にすると、その場はとても楽ですからね。

しかし、これでは再び思考停止に陥り、現実的な改善にはつながりません。前提として、「可能性が高い改善策」から試している、という感覚をもって、本当にうまくいくのかどうかを、見極めながら進めていきましょう。

うまくいかなかったら、この改善策ではなかったのだ、ということで、次に進めばよいのです。

3-2 「【1】ＡＢＡマネジメント目的シート」の活用

　では、シートを使って実践編に入りましょう。取り上げるサンプル課題はこれです。

> 「部下が報連相を徹底できないので困っている」

　つまり、改善したいことは「部下の報連相を徹底させたい」ということですね。多くの職場で聞かれる課題です。
　企業規模の大小にかかわらず、報連相（ホウレンソウ＝報告・連絡・相談）を徹底させたいという上司はとても多くいます。
　上司が期待している望ましい部下のあり方ですが、なかなか部下が徹底できていないものの一つではないでしょうか。
　このテーマを用いて、5つのシートを使いながら、ＡＢＡマネジメントを実践していきましょう。

▶まずは目的を明確にする

　本来、いちばん大事なことに、なぜか抜け落ちやすいもの、それは「目的」です。
　職場では、いろいろと自分が望ましくないと感じるものを「問題」ととらえがちですが、実は、それはたいした問題ではない場合もたくさんあります。
　逆に、「問題」とは見えていなくても、実は、大きな悪影響を及ぼしていることもたくさんあるのです。

　ＡＢＡマネジメントを行なうにあたって、職場における問題点を、何のために改善するのか、その目的を明確化する必要があります。

◎ 「【1】 ＡＢＡマネジメント目的シート」 ◎

ＡＢＡマネジメントシート　　【1】ＡＢＡマネジメント目的シート

① 改善したいと思いついたことは何か

⬇

② 何のために上記を改善したいのか、改善したら何につながるか

⬆

③ ②の目的のためには、他にもっと改善すべきことはないか

そして、その「何のために」という目的を明確化できたら、いま何とかしようとしている改善策よりも、「**もっと本質的に変えたほうがよいことがあるのでは？**」と考えてみましょう。

目の前にある「望ましくないこと」についつい目が向きがちですが、マネジメントする立場の上司であれば、それが本質的な目的につながるのかどうか、もしかしたら、もっと別のことのほうが大事ではないか、という目線をもてるようにしなければなりません。

せっかく、問題行動を改善したのに、職場に必要なこととは何も関係がなかった、ということのないようにしましょう。

▶改善したいと思いついたことは何か

さて、目的を大事にすることの重要さはわかっていただけたと思います。その目的がブレないように心がけて、サンプルテーマである「部下が報連相を徹底できないので困っている」の改善策を考えていきましょう。

まず、「【1】ＡＢＡマネジメント目的シート」の「①　改善したいと思いついたことは何か」に記載します。

①　改善したいと思いついたことは何か

●部下が報連相を徹底できないので困っている。徹底させたい

ここには、思いついた改善したい内容をそのまま書きましょう。自分の言葉で記入し、主観的でも抽象的でもかまいません。

次に、「②　何のために上記を改善したいのか、改善したら何に

つながるか」についてしっかりと考えます。

▶何のために改善し、改善したら何につながるのか

次に、「【1】 ＡＢＡマネジメント目的シート」の「②何のために上記を改善したいのか、改善したら何につながるか」に記載します。

② 何のために上記を改善したいのか、改善したら何につながるか

- ●クレームやトラブルがあったときにすぐに対応できる
- ●あとから間違いを正すより、修正がすぐにできるようになる
- ●部下の仕事における課題や育成の指導ができるようになる

このように、報連相の状況が改善すると何につながるのか、それはやはり重要なものなのかどうかを、しっかりと考えましょう。

一つだけではなく、複数出してもらってかまいません。

書き出したら、「報連相の徹底」が改善されて、その先につながるものが、本当に必要なものなのか、価値のあるものなのかを見極めましょう。

手間ひまかけて、時間やお金などのコストもかけて、改善すべきものなのかどうかを判断すると同時に、その目的につながるような改善をしていかなければなりません。

今回は「報連相」が徹底されると、上記のような目的につながるものであり、やはりそれは大事なことであるとわかりました。

▶目的のために他にもっと改善すべきことはないか

次に、②の目的につながるものなら、報連相の徹底以外にできることはないかを考え、「③　②の目的のためには、他にもっと改善すべきことはないか」に記載します。

③　②の目的のためには、他にもっと改善すべきことはないか

> ● クレームやトラブルには、グループウェアの共有で対応できる
> ● 間違いの修正も同様だが、個人の部分は見つけづらい、遅い
> ● 部下の指導は仕事の成果や人事評価でも見られるが、タイミングが遅いし、その場での指導のほうが上司もやりやすい

　クレームやトラブル対応だけが目的なら、もしかしたら報連相の徹底よりも、もっとよい改善方法があったかもしれません。

　また、いま現在クレームやトラブルが多くて、それを何とかしないといけない状況であれば、報連相を徹底させるよりも、グループウェアでの共有の頻度を高くするなど、しくみを変えることのほうが即効性があり、効果も大きいということもありえます。

　得てして、部下の振る舞いや行動を何とかしようというよりも、職場のオペレーションなどを変えるほうが、簡単に目的につながることがよくあります。

　しかし、このケースでの他の目的である「すぐに間違いを修正する」や「部下の課題や育成の指導につなげる」という目的のためには、やはり他の手段よりも「報連相の徹底」のほうが、効果的と考えられます。つまり、「報連相の徹底」に取り組む意義がある！というわけでした。

　このように、まずは「【1】ＡＢＡマネジメント目的シート」で、何のために改善する必要があるのか、なぜ他の方法ではなくこの方法をやるべきなのかをしっかりと押さえ、改善する際も常にその目的につながるのかどうかを、確認していきましょう。

3-3 「【2】ターゲット行動シート」の活用

▶ 変容させたい具体的な行動を決める

　目的をしっかり見定めたら、次は可能な限り「具体的」で、変容させたい標的となる行動である「**ターゲット行動**」を、シートを使って決めていきます。

　「【2】ターゲット行動シート」の一番上の「①　改善すること」は、ABAマネジメント目的シートで決定した「報連相の徹底」を、改善の目標という形にしたもので書き出します。

① 改善すること

```
●部下の報連相を徹底する
```

　次に、これをもっと具体的に、目に見えるレベルの行動に変換していきます。この工程が少し難しいところで、慣れてくればパッとできるようになりますが、考えてしまうこともあると思います。

　「部下の報連相を徹底する」という表現は、一見、行動を表わしているような感じがしますが、実は行動ではない書き方になっています。

- 「報連相」とは、具体的には何を誰にどのようにすることなのか
- 「徹底」とは、具体的に何をどこまでやることなのか

◎「【2】ターゲット行動シート」◎

ＡＢＡマネジメントシート　　　【2】ターゲット行動シート

① 改善すること

② 具体的な「行動」を設定

改善につながる具体的な行動は？	デッドマンテスト	ビデオカメラテスト

③ ②の具体的行動のうち、次のチェックから、ターゲットとする行動を決める

□目的につながるかどうか　　□観察できるものかどうか　　□指導できるものかどうか

【ターゲット行動決定】（優先して取り組む）

そんな細かいことを…と思われるかもしれませんが、この工程が非常に重要なのです。

いまの段階では、主観的・抽象的な表現になってしまっているため、人によっては、何日かに1回、重要なことを上司に伝えることが「報告」、と思っている場合もありますし、毎日何をしたか事細かに「連絡」することと思っている可能性もあります。

「徹底」という表現も、よく使われるものではありますが、何をどこまでやれば徹底なのかの感覚が違うため、人によっては十分やっていると感じても、別の人には物足りない、というズレが生じやすいです。

具体的な行動の、何をどこまでやれば、改善したといえるのかを、事前にしっかり設定して臨まないと、何となくやって、何となく変わった気がしたような、しないような、なんだかぼんやりとした取り組みに終わってしまいます。

▶デッドマンテストで行動をチェック

ＡＢＡ（応用行動分析学）でよく用いられる、「行動」を見定める手法の一つが「デッドマンテスト」で、これで具体的かどうかのチェックをします。

「デッドマンテスト」とは、日本語に訳すとその名のとおり「死人テスト」です。

なんだかドキッとする言葉ですが、ＡＢＡ（応用行動分析学）では、「行動」の定義を「死んだ人にはできないこと」としています。そのため、逆に「死んだ人にはできること」は「行動ではない」となるので、その観点から行動といえるかどうかをチェックしていくわけです。

たとえば、次ページの表に示すようなものは「行動」といえるでしょうか、「行動」とはいえないでしょうか。ちょっとしたワーク感覚で取り組んでみてください。「行動」と思えば○を、「行動とはいえない」と思えば×をそれぞれ記入してみてください。

【デッドマンテスト】

事　　象	行動or行動でない？
①騒がないでいる	
②定時に出社する	
③失敗をしない	
④咳をする	
⑤不満を言わない	

　一見、すべて具体的な行動のような気がしますね。

　研修やセミナーなどで、ゲーム感覚でこのワークをやったりするのですが、慣れていないとなかなか難しいようです。

　解答は、①騒がないでいる→×行動ではない（死人でもできる）、②定時に出社する→〇行動（死人は出社できない）、③失敗をしない→×行動ではない（死人でもできる）、④咳をする→〇行動（死人は咳できない）、⑤不満を言わない→×行動ではない（死人でもできる）となります。

　咳は生理現象で、行動ではないのでは？　という質問をいただくこともありますが、死人にはできないという原則に従って、「行動」とします。

　実際にＡＢＡ（応用行動分析学）のアプローチにおいて、頻繁に咳をする状態から、減少させることができたりもするのです。

　上の表を見て気づかれた方もいるかもしれませんが、「受け身」の表現になっていると、このデッドマンテストに引っかかってしまうことが多くなります。

　「〜しない」というような表現にならないように、具体的な行動を決めていくことが必要です。

▶ビデオカメラテストでも行動をチェック

　もう一つ、行動を決めるのに重要なチェックが、「ビデオカメラ

テスト」によるものです。

これは、その人をビデオカメラで撮影したとして、それをモニター越しに見た人が「何をしているかわかる」程度に具体的になっているかどうか、という目線でのチェックのやり方です。

このテストについても簡単なワークで考えてみましょう。

【ビデオカメラテスト】

事　　象	行動 or 行動でない？
①業務手順を理解する	
②効率化を徹底する	
③クレームをなくす	
④コミュニケーションを円滑にする	
⑤健康管理に気をつける	

こちらも慣れてしまえば簡単なのですが、なかなかすぐには、具体的かどうかの判断は難しいかもしれません。答え合わせしていきましょう。

解答は、すべて×、行動ではない、です。「理解する」「徹底する」「なくす」「円滑にする」「気をつける」というような表現は、行動だと思われるかもしれませんが、本当は具体的ないくつかの行動の積み重ねや集合したものを、抽象的に表わしている表現なのです。

ビデオカメラで撮影した映像を見た人が、「理解している」などとわかるでしょうか。難しいですね。

「答えを書いている」「質問にすべて口頭で答えている」などと、もう少し具体的に落とし込んでいれば、「理解している」と同様なことであっても、ビデオカメラテストをクリアできるようになります。

▶二つのチェックで具体的な行動を絞り出す

二つのチェックにもとづき、ターゲット行動シートの①と②は次

のようになります。

① 改善すること

```
●部下の報連相を徹底する
```

② 具体的な「行動」を設定

改善につながる具体的な行動は？	デッドマンテスト	ビデオカメラテスト
●部下の上司への報告漏れをなくす	×	×
●報連相の研修をして、報連相に関しての意識を高める	○	×
●上司がチェックしたときに、報連相の漏れがないようにする	×	○
●部下が、報告しやすい場をつくる	○	×
●部下が、毎日自分のノートに報告を書いておく	○	○
●部下が、毎週金曜に上司にメールで報告する	○	○
●部下が、帰りに必ず口頭で上司に報告する	○	○

　このように、報連相の徹底につながるような具体的な行動を考えていきます。考えていく過程において、前述のように「デッドマンテスト」（受け身、行動でないものになっていないか）、「ビデオカメラテスト」（抽象的であいまいな表現になっていないか）をチェックして、具体的にどのような行動が職場にどんどん起きるようにしたらよいのか、ターゲットとなる行動を決めていきます。

▶ターゲット行動を決める

次に、ターゲット行動シートの③を記載します。

③ ②の具体的行動のうち、次のチェックから、ターゲットとする行動を決める

□目的につながるかどうか	□観察できるものかどうか	□指導できるものかどうか

先ほどの②の具体的行動のうち、「デッドマンテスト」「ビデオカメラテスト」の両方をクリアした行動は、次のとおりです。

●部下が、毎日自分のノートに報告を書いておく	○	○
●部下が、毎週金曜に上司にメールで報告する	○	○
●部下が、帰りに必ず口頭で上司に報告する	○	○

ここから、「□目的につながるかどうか」「□観察できるものかどうか」「□指導できるものかどうか」という目線でチェックし、ターゲット行動を考えていきます。

「目的」については、【1】ABAマネジメント目的シートに書いたことを確認すると、次のとおりでした。

- ●クレームやトラブルがあったときにすぐに対応できる
- ●あとから間違いを正すより、修正がすぐにできるようになる
- ●部下の仕事での課題や育成の指導ができるようになる

これを実現する具体的な行動を考えるわけです。

具体的行動のうち、「部下が、毎日自分のノートに報告を書いて
おく」は、目的につながるか、観察できるか、指導できるか、とい
うと、上司がすぐに確認するわけではないので、あまり効果的では
なさそうです。

　「部下が、毎週金曜に上司にメールで報告する」は、上司は観察、
指導はできそうですが、目的の「クレームやトラブルがあったとき
にすぐに対応できる」「あとから間違いを正すより、修正がすぐに
できるようになる」ということを考えると、毎週金曜日では遅くな
ってしまう可能性があります。

　「部下が、帰りに必ず口頭で上司に報告する」は、本当はその瞬
間にすぐ報告するほうがいいのですが、でも週単位で報告するより
はかなりスピードは早くなります。観察も指導もできそうです。

　以上のようなチェックから、ターゲット行動シートの「ターゲッ
ト行動」は、次のようになります。

【ターゲット行動決定】（優先して取り組む）

●部下が、帰りに必ず口頭で上司に報告する

3-4 「【3】ＡＢＣ分析シート」の活用

●「行動」の前後をＡＢＣ分析する

いよいよ、ＡＢＡマネジメントで一番使う機会の多い「【3】ＡＢＣ分析シート」の記載に入ります。

慣れてくれば、いままでに使ってきた「【1】ＡＢＡマネジメント目的シート」と「【2】ターゲット行動シート」は省略して、いきなりＡＢＣ分析ができるようになってくると思います。

その際には、最初からこの「【3】ＡＢＣ分析シート」に入ってもかまいませんが、「目的を見失ってしまう」とか「行動ではない項目をターゲットにしてしまう」という、間違いにつながりやすくなるリスクがあるので、できるだけ丁寧に、基本に忠実に進めることをお勧めします。

さて、この「【3】ＡＢＣ分析シート」の手順ですが、まず「【2】ターゲット行動シート」で決定したターゲット行動を、そのまま転記します。

① ターゲット行動（優先して取り組む）

```
●部下が、帰りに必ず口頭で上司に報告する
```

そして、ここから１章で学んだ「ＡＢＣ分析」を行なっていきます。ＡＢＣ分析は、やればやるほど、行動がどうして起こっている

◎「【3】ＡＢＣ分析シート」◎

ＡＢＡマネジメントシート　　　【3】ＡＢＣ分析シート

①　ターゲット行動（優先して取り組む）

②　現状をＡＢＣ分析する

※まず最初に「ターゲット行動」を「Ｂ：行動」に設定。現状やっていない要
　素があれば、行動のみでもＯＫ。枠が足りなければ、余白にどんどん書いて
　いきましょう。

Ａ：先行条件　　　　　　Ｂ：行動　　　　　　Ｃ：結果　　　矢印

Ａ：先行条件　　　　　　Ｂ：行動　　　　　　Ｃ：結果　　　矢印

108

のかが、わかるようになってきますので、ぜひどんどん練習をしてみてください。

ターゲット行動では、「帰りに必ず」となっていますが、現状分析ではやっていないことなので、まずは「口頭で報告する」ときの状況の分析から始めます。

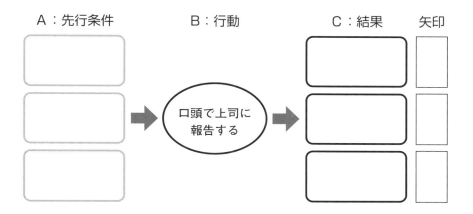

「Ｂ：行動」を書き込んだあとは、「Ａ：先行条件」「Ｃ：結果」を埋めていくのですが、ＡとＣは順番にこだわらなくて大丈夫です。書きやすいほうから埋めていきましょう。

また、１章では一つの「Ｂ：行動」に関して、一つの「Ａ：先行条件」と「Ｃ：結果」でしたが、シートではそれぞれＡとＣは記載する欄が３つ用意されています（３つになっているのは、スペースの都合だけで大きな意味はありません。ただし、３つぐらい思いつくとよいでしょう）。

たとえば、現状で部下のＡさんが上司に「口頭で報告する」という行動をしたときは、どんな「Ｃ：結果」が起きているでしょうか。

よくよく観察してみると、この組織で、実際に起きている「Ｃ：結果」は、次のとおりです。

●上司に「なにやってんだ！」と怒られる

- ●「自分でなんとかしろ」といわれ、仕事が増える
- ●忙しいときに話しかけると無視される
- ●報告すると説明に時間を取られる
- ●報告しても、特に評価は変わらない

　また、「Ａ：先行条件」は、行動前には次の状態であることがわかりました。

- ●以前に報告したとき怒られた
- ●仕事が増えることが想定される
- ●上司が忙しそうにしている
- ●自分自身も忙しい
- ●報告は評価されないルール

　以上をＡＢＣ分析シートに記載すると、次のようになります。

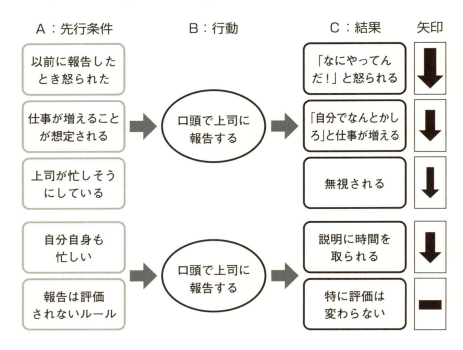

いかがでしょうか。こうしてみると、「行動を弱化する（繰り返さなくなる）」ような結果ばかりが出現していたことがわかります。

「ＡＢＣ分析シート」では、右側に矢印を入れるようになっています。行動が弱化される場合は、下向き矢印を記入します。

そのときの矢印の大きさなどで、その強さや弱さを表現していくと、より理解しやすくなりますね。

「Ｃ：結果」の一番下の「特に評価は変わらない」は、よくも悪くもない（強化も弱化もしない）ので、矢印ではなくハイフンで表記するとわかりやすくなります。

ＡＢＣ分析をすることで、報告という行動をしないのは、部下の意識が低いということよりも、報告という行動が起きにくい前後の環境に原因があることがわかります。

原因が、行動の前後の環境にあることがわかれば、そこを変えていけばよいのです。

従来の、個人を何とかしようというマネジメントをいくらやっても、この前後の環境が変わっていなければ、またすぐに部下が報告しない風土に戻ってしまうことでしょう。

原因が、個人から環境に変わったことで、変えていく対象も変わったのです。

１章のＡＢＣ分析のところでも触れましたが、「Ｂ：行動」は本人しかできないことであり、最終的には本人に委ねることとしかできません。

しかし、「Ａ：先行条件」と「Ｃ：結果」は、まわりがいくらでも工夫し、アイデアを出し、変えていくことができるのです。

さあ、次のステップは行動変容のための改善ですが、「ＡＢＣ分析」から、行動の原因を見つけることができるようになれば、もう立派な行動分析家です。

ＡＢＡマネジメントという武器を身につけ、部下の行動変容を実現できるマネージャーになっていくわけです。

3-5 「【4】ＡＣ改善アイデアシート」の活用

▶「行動」を強化するアイデアをたくさん考える

　ＡＢＣ分析シートで分析したところ、「報告をする」あとには、嫌子ばかりが出現していました。したがって、変えるべきは、ここです。「報告をする」と嫌子が出現するのではなく、好子がどんどん出現するようなしくみをつくっていけばよいのです。

　ここからはアイデア次第です。できる・できないは、あとから考えればいいことなので、「報告する」という行動をしたら、どんなことが起きれば嬉しいか、その観点からどんどんアイデアを考えていきましょう。

【「Ａさんが上司に報告する」あとの結果のアイデア】
- 上司に「報告をありがとう！」と言われる
- 上司がうなずいてくれる
- アドバイスがもらえる
- 説明の時間は増えない
- 評価が上がる！
- 報告ポイントが10Ｐもらえる

　報告したあとに、このようなよいことがすぐに起きると、行動は繰り返されるようになります（好子出現による強化）。
　これが、結果を変えていくことで、報告するという行動を増やすＡＢＡマネジメントです。
　同じように「Ａ：先行条件」も見てみましょう。結果に比べて、少しわかりにくい面もありますが、チャレンジしてどんどん慣れていきましょう。

◎「【4】ＡＣ改善アイデアシート」◎

ＡＢＡマネジメントシート　　【4】ＡＣ改善アイデアシート

① ターゲット行動（優先して取り組む）

② 「Ａ：先行条件」と「Ｃ：結果」のアイデアをたくさん出す

※ＡＢＣ分析シートと全く同じ「Ｂ：行動」を書き込みます。
　ＡＢＣ分析シートを見ながら、今度は行動が強化される「Ｂ」がどんどん出てくるようにする「Ａ：先行条件」と「Ｃ：結果」のアイデアを出しましょう。

Ａ：先行条件	Ｂ：行動	Ｃ：結果	矢印

Ａ：先行条件	Ｂ：行動	Ｃ：結果	矢印

【「Ａさんが上司に報告する」前の先行条件のアイデア】
- 上司は必ず「報告ありがとう！」と言うルール
- 帰りに10分、報告の時間があるルール
- 報告の時間に「今日、何があった？」と聞かれる
- 時間枠があるので、報告しても時間は増えないと知っている
- 評価されることがわかっている
- 10ポイントもらえるルールがある

　このように、「Ａ：先行条件」で、「ありがとうと言うルールがある」「報告ポイントがもらえる」「評価される」などの事前情報があると、行動をしやすくなります。また、はじめから報告の時間枠をつくっているという環境になっているので、報告しないほうが時間を取られずに得、ということもなくなってきました。

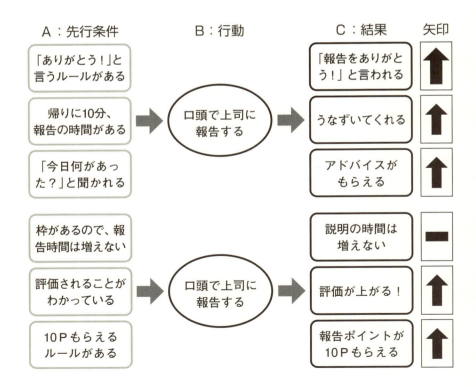

何度も繰り返しますが、「Ａ：先行条件」もまわりでいくらでもつくることができます。

行動を引き起こしやすい事前の状況をつくっておき、報告したらよい結果が出る。そして、どんどん報告するしくみが会社に出来上がる。最初は報告が苦手で、報告できない人も、この職場ならできるように育成されていく──となって、これがその会社の「職場風土」となるわけです。

このように、「Ａ：先行条件」と「Ｃ：結果」を考えるシートなので、これを「ＡＣ改善アイデアシート」と呼びます。

▶職場における社内研修にも最適

「報告」が増えるためにはどんな結果が出ればいいのか、報告はどんな環境だとやりやすいのか、を職場の皆で考えてみてはいかがでしょうか。

この「【４】ＡＣ改善アイデアシート」を使って、「Ａ：先行条件」と「Ｃ：結果」のアイデアを、職場の皆からどんどん出してもらうワークを実施します。実際に私も、この研修は多く行なっています。

従業員一人ひとりに「ふせん」と「サインペン」を渡して、

「いまから30分！　できるだけユニークで楽しめるアイデアをどんどん出してください！　最低一人10個以上！」

と、いうように実施して、皆から記入済みの「ふせん」を集めて、ホワイトボードや壁に貼り付け、楽しみながら行動を強化する取り組みを話し合って決めていくのです。

自分たちで決めた取り組みなので、遂行度も高くなります。

「皆で望ましい行動が起きる職場をつくっていく」──これこそ、ＡＢＡマネジメントの真骨頂です。

3-6 「【5】改善実施シート」の活用

●アイデアから取り組み事項を決めていく

　行動の前後を変える取り組みは、最初はアイデアベースで、できる・できないなどは気にせず、どんどん出していきましょう。

　従業員の研修の一環や、改善プロジェクトなどでのワークで、参加型で実施することも、おススメです。

　そして、たくさん出てきたアイデアを、実行レベルで検討していくためのシートが、この「【5】改善実施シート」です。

　まず、このシートの左側に、出てきたアイデアを転記します。

　そして、その取り組み事項について次の4つの目線から「◎・○・△・×」などを付けて検討し、取り組み事項の優先順位を決めていきます。

１．楽しめるものかどうか
２．実行する側、される側に負担がかかるものか
３．継続して取り組めるようなものか
４．コスト（お金・時間・労力など）が必要になるものか

　この4つの検討をするための要素は、あくまでもサンプルです。その組織において、重要であるという価値基準を用いて、優先順位をつけていってください。

　たとえば、「すぐに取り組めるものか」「ワクワクするか」「現実的か」「やらされ感がないか」というようなことなども考えられますね。

　前項の「【4】ＡＣ改善アイデアシート」で考えたアイデアを例にして、「【5】改善実施シート」を記載してみましょう。

◎ 「【5】改善実施シート」 ◎

ＡＢＡマネジメントシート	【5】改善実施シート

① 「Ａ：先行条件」での取り組み事項の検討

	Ａ：先行条件アイデア	楽しいか どうか	負担は 少ないか	継続 できるか	コストは 少ないか
1					
2					
3					
4					
5					
6					
7					
8					

② 「Ｃ：結果」での取り組み事項の検討

	Ｃ：結果アイデア	楽しいか どうか	負担は 少ないか	継続 できるか	コストは 少ないか
1					
2					
3					
4					
5					
6					
7					
8					

3章 ツールを使った「ＡＢＡマネジメント」の手順

▶ ◎・○・△・×などで優先度をまとめる

「【5】改善実施シート」の「Ａ：先行条件」アイデア欄には、「【4】ＡＣ改善アイデアシート」で記載したアイデアを記載し、前ページであげた4つの視点から検討した評価を「◎・○・△・×」の4段階で記入していきます。

① 「Ａ：先行条件」での取り組み事項の検討

	「Ａ：先行条件」アイデア	楽しいかどうか	負担は少ないか	継続できるか	コストは少ないか
1	上司は必ず「報告ありがとう！」というルール	◎	◎	○	◎
2	帰りに10分、報告の時間がある	△	○	○	△
3	報告の時間に、今日何があった？ と聞かれる	△	○	○	◎
4	時間枠があるので、報告しても時間は増えない	△	○	○	△
5	評価されることがわかっている	○	◎	○	○
6	10Pもらえるルールがある	◎	○	○	△

同様に「Ｃ：結果」アイデア欄にも、「【4】ＡＣ改善アイデアシート」で記載したアイデアを記載し、4つの視点から評価した結果を記入します。

② 「C：結果」での取り組み事項の検討

	「C：結果」アイデア	楽しいか どうか	負担は 少ないか	継続 できるか	コストは 少ないか
1	上司に「報告ありがとう！」と言われる	◎	○	○	○
2	上司がうなずいてくれる	◎	○	○	○
3	アドバイスがもらえる	○	○	△	○
4	説明の時間は増えない	○	○	○	△
5	評価が上がる！	○	○	○	△
6	報告ポイントが10Pもらえる	◎	○	○	△

▶やってみないとわからない

　このように、ここでは6つずつの改善案をあげましたが、複数人でワークを行なうときなどは、もっともっとアイデアが出てきます。何十個ものアイデアが集まることもあるでしょう。

　そこから絞っていくために、このシートを活用して、取捨していき、取り組み施策を決定していきましょう。

　取り組み施策は、一つだけに絞る必要はなく、コストがかからず、すぐにできるようなものであれば、複数の施策を同時にスタートさせても大丈夫です。

　たとえば、「報告ありがとう！」というルールや、報告したらポイントが増えるルール、ポイントがたまると有休が1日追加というようなルールは、一緒に取り入れることもできます。

　もう一つ大事なことは、ここで決める取り組みは、「**やってみないとわからない**」ということです。

これを頭に入れておかないと、うまくいかない理由を「うちには向いていない」とか「意識が低いから続かない」というように、個人に攻撃が向いてしまうことになります。

　しっかりと、「報告」が増えているということを見ていく必要があるのです。

　また、このシートを使って取捨したなかで「捨」の項目も、採用されなかったから、ということで消してしまうことなく、必ずバックアップの案としてとっておきましょう。そして、定期的に見直しをかけるなどして、取り組む施策を検討していく際の材料として使います。

　仮説とは異なり、「まさか、この施策がハマるとは…」ということも、けっこうあったりするのです。

3-7 ベースラインと改善測定

● ビフォー・アフターを測定する

　学問としてのＡＢＡ（応用行動分析学）においては、本当は改善策を一気にたくさんやることは、望ましいとされていません。

　取り組んだ施策のなかで、何が行動を強化したのかをしっかり測定しておかないと、いろいろやったなかで、偶然何かがうまくいっただけで、その何かがわからないと、再現性がないことになってしまいます。「研究」にはならないわけですね。

　たとえば、「報告があったら、ありがとうと言うことにした、というルールのみを実行したら、報告数が増えた。１か月後、ありがとうと言うことをやめたら、報告数が減った。したがって、ありがとうと言うことが、好子として働き、報告という行動が強化したといえる」ということを、学問におけるＡＢＡ（応用行動分析学）では、数字などのデータをもって証明することが必要になるのです。

　しかし、組織の改善の現場においては、極端な話、何がうまくいったか、を突き止める必要はなく、報告が増えて、目的につながり、組織の成果となれば、そちらが正解になるわけです。

　うまくいっている施策を、わざわざ再度やらなくして確かめるなどということは、するはずもありません。

　ただし、そうはいっても、やたらと何でもトライするというのでは、いろいろとやらされるほうも疲弊します。「また、上が何かやり始めたよ」といった印象を従業員がもつというマイナス効果も考えられます。

　ＡＢＡマネジメントは、やはり科学的なマネジメント手法ということを理解して実施してほしいということで、「改善前」「改善後」

の測定の大切さをお伝えします。

　まずは、改善策を実施する前の「報告の数」をカウントしてください。実施前数か月程度の間で、どれだけ部下からの報告があったかを数えていきます。これを「ベースライン測定」といいます。

　そして、改善策を実施してから数か月、同じように報告があった数をカウントしていきましょう。ベースラインに比べて、改善後の報告数がどれだけ増えたかが、目に見える形でわかるようになります。

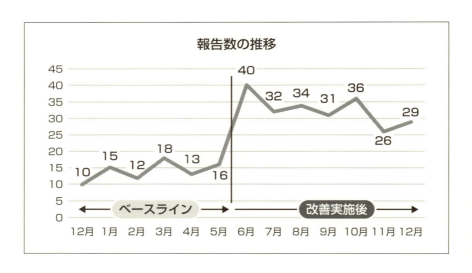

　ここで、報告数が期待よりも増えていないようだったら、別の取り組み策を実施するなどの判断材料として使うこともできます。

　ある取り組みで効果がたくさん出ていることがわかるようであれば、それは取り組みの成果として、目に見える成功実績となります。

　さらに、「報告数」が増えるに伴って、本来の目的である「クレームやトラブルへの対応が速くなっている」「ミスに関する修正が速くできている」「部下の課題や育成の指導ができるようになっている」などが、数字として関連性が見られるようになるところまでいくようなら素晴らしい成果です。ぜひ、めざしていきましょう。

エレベーターが遅いというクレーム問題

　ある古いビルで、テナントに入っている企業や、ビルの利用者から「エレベーターが遅い！」というクレームがありました。
　エレベーターは2台あるのですが、どちらも古い型のもののため、もともとの速度が遅いうえに、制御しているコンピュータも古く、どちらも上に行ってしまったり、片方は通り過ぎてしまったりと、たしかに待っている時間が長くなってしまっていました。

　クレームは以前からあり、そろそろ何とかしないといけないのはわかっているのですが、なにせ先立つものがありません。
　新しいエレベーターに替えるとしたら、かなりの費用がかかります。いまは、とてもそんなお金は出せません。
　しかし、クレームは毎日あり、そろそろ限界…。

　そんな折、あるアイデアを思いつきました。
　そして、それを実施したところ、費用も最小限ですみ、クレームもピタリとやんだのです。
　さて、どんな取り組みを行なったのか――。

　行なった取り組みとは、「大きな鏡を扉の横につけた」でした。

鏡をつけたあと、人々の様子を見ると、エレベーターを待っている間に、身だしなみや髪形を整えたり、お化粧のチェックをしたり、ネクタイの曲がりを直したり、といろいろなことを行なっています。

　エレベーターが来るのが遅いといっても、どんなに長くても２〜３分だったので、その時間にやることができた利用者は、イライラする要因がなくなったのですね。

　このアイデアを思いつくまでは、「エレベーターが遅い」というクレームに対して、「エレベーターを速くしなくては」という発想で、どうしたら速くできるか、しか考えていなかったのです。

　しかし、要望の本質は、遅いことが問題というよりも、待っている時間が手持ち無沙汰でイライラする、ということだったのです。

　もしかしたら、費用をかけて、最新のエレベーターに替えたとしても、待ち時間の手持ち無沙汰が多少でも残っていれば、クレームはあまり減らなかったかもしれませんね。

　３章で説明した「報告」という行動を増やすためのＡＢＡマネジメントでは、最初に「目的シート」で、報告を増やすと何につながるのか、その目的を明確にして、その目的のためであれば、別のやり方でもっといいものがないか、と考える工程がありました。

　目に見える目の前の問題、声が上がっている課題、これらを言われるがままに解決することが、本質的な組織の改善といえるかどうか──マネジメントを実践する立場の方であれば、常に本質を見極め、判断できる目線をもっておくことが必要なのではないでしょうか。

4章

「自律型社員」を ABAマネジメントで 育成する方法

Applied

Behavior

Analysis

MANAGEMENT

4-1 「自律型社員」とは？

▶自律型社員を定義することの必要性

　「自律型社員」という言い方は、レッテルを貼っている形です。具体的な行動特性を定義しないと、いつまで経っても育成には結びつきません。

　具体的な行動をいくつか定義し、その行動を自分から繰り返し行ない、習慣化できるようになれば、その人物は「自律型社員」といわれるようになるでしょう。

　ABAマネジメントが得意とするのは、強力な行動変容を実現することです。この章のテーマである「自律型社員」をABAマネジメントで育成する方法とは、次の手順でそれを実現することにあります。

```
自律型社員といえる具体的な行動をターゲットにする
```

```
ＡＢＣ分析 → 改善を実施する
```

```
自らターゲット行動を繰り返し、習慣となる
```

　大きな枠組みとしては、このようなイメージをもっていただけるとわかりやすいと思います。

▶なぜ自律型社員が育たないのか

これから自律型社員の育成のためのＡＢＡマネジメントに入っていきますが、その前に、なぜ自律型社員の育成が難しいか、を考えてみましょう。

これだけ、どのような会社でも「必要だ」「ぜひほしい」といわれている自律型社員。それなりに、企業も育成に取り組んでいるはずです。にもかかわらず、なぜ、それができていないのでしょうか。

実は、複雑な事情とか、難しい理由があってできていないのではありません。できていない理由は明確で、ほぼどの企業も同じ理由です。

それは、「**緊急度が低い**」ということ。誰でも知っていることなのですが、実は、これを覆すのは非常に難しい構造的問題なのです。

次のようなマトリクス図（行列図）をどこかで見たことがありませんでしょうか。

各象限の特徴は以下のとおりです。
- 第一象限は、重要度も緊急度も高いゾーン
- 第二象限は、重要度は高いが、緊急度が低いゾーン
- 第三象限は、重要度は低く、緊急度が高いゾーン
- 第四象限は、重要度も緊急度も低いゾーン

さて、人材育成という取り組みは、このマトリックスのどこに位

置するものでしょうか。

人材育成は重要かそうでないかと聞くと、ほぼ全員が「重要だ」と答えます。しかし、緊急かどうかと聞くと、「緊急ではない」ということになります。人材育成という取り組みは、重要だけれど緊急ではない「第二象限」に位置する最たるものなのです。

そして、残念ながら企業の管理者は、第一象限の次に手をつけるのは、第二象限ではなく第三象限。あまり重要ではなくても、「締め切りがすぐそこにある」「目の前でお客様が待っている」といったことを優先してしまいます。

すると、いつまでも部下の育成が進まぬまま、「自律型の社員はどこかにいないか…」と、いつまでも来ないものを待っているのです。

▶ 自律型社員の育成は、中長期的な取り組み

このように、企業において、とりわけ管理職もプレイヤーの仕事をこなしていることがほとんどの日本の中小企業においては、計画的な人材育成がほとんどされていない状況です。

逆に考えると、これはチャンスであり、いち早く人材育成のしくみをつくり上げて、少し先の成果をめざす企業体質をつくり上げたところが、今後、勝ち残る企業となっていくのです。

まさに、「**第二象限を制する者が成功する**」のです。

重要だけれども、緊急ではないこの「第二象限に位置する中長期的な取り組み」を、着実に進めていく者が成功することができるのです。

人材育成は、いま何かに取り組んだから、すぐに目に見えて変わったかどうかが判断できる、というものではありません（だから取り組めない）。

実は、これも行動の原則で、行動した直後のよい結果（好子）がすぐにではなく、かなり遅れて出現するために、行動に影響を与えられないという構造になっているのです。

分析すると下の図のように、行動に影響を与える直後の結果には、逆に嫌子が出現していることが多いことがわかります。
　この原理原則がわかってくれば、遅れて出てくる好子を、工夫することによって直後に出現させるように改善する取り組みをつくり出せるようになります。

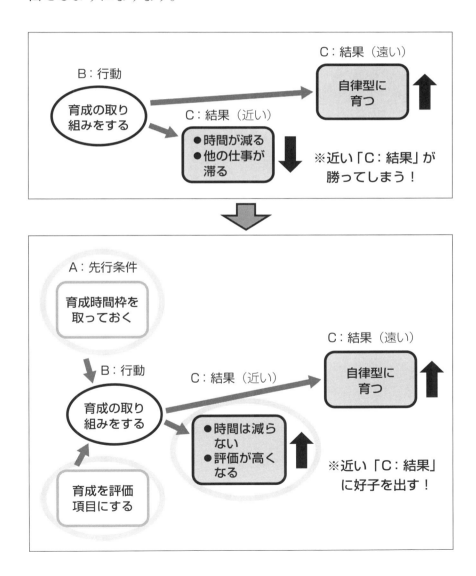

すぐに結果が出ない、だからこそ、行動が変わったかどうかの測定は大事なのです。改善の見える化をして、手ごたえ（これも好子）を意図的に示せるようにしていきましょう。

少し話がそれてしまいましたが、それだけ「人材育成」というものは、パッと魔法のようにできるものではなく、**コツコツと先を見すえて、時間をかけて実行していかないといけない**ものということがわかっていただけたことと思います。

▶ 自律型社員の行動特性

「自律型社員」となるためには、その行動特性をしっかり定義して、その行動を身につけて、習慣化することをやっていく必要があります。

この「自律型社員」の行動特性について考えてみましょう。

辞書や一般的なビジネス書で「自律型社員」を調べると、このように書かれていました。

【自律型社員の定義】
自らが考え、判断し、行動できる社員

人によって、とらえ方の定義は多少異なるかと思いますが、おおむねこんな感じではないでしょうか。

では次項からは、ＡＢＡマネジメントの基本に従って、行動変容、そしてその先の定着化、習慣化へと進めていきたいと思います。

4-2 自律型社員の定義から具体的行動へ

▶具体的行動へ変換する

ＡＢＡマネジメントでは、抽象的な表現はできるだけ具体的な行動に変換していきます。そのために行なう二つのチェックがありましたね（101～103ページ参照）。

- デッドマンテスト
- ビデオカメラテスト

受け身である表現など、死人でもできることは、行動とはいえない（デッドマンテスト）。ビデオカメラで撮影した映像を見た人が、何をしているかがわかるレベルまでの具体的な行動にする（ビデオカメラテスト）――ということでした。

このチェックを、前項の自律型社員の定義にも行なってみましょう。

事象	デッドマンテスト	ビデオカメラテスト
自ら考える	○	×
自ら判断する	○	×
自ら行動する	○	×

このままでは、デッドマンテストをクリアするので、「行動」ではあるけれども、ビデオカメラテストをクリアできるほど、具体的なレベルにはなっていないようです。

具体的行動まで落とし込んでいないと、結局、何もしないままで

いるということが往々にして起きます。

「積極的になる」「徹底する」「理解する」「身につける」——このような表現になっていたままの場合、では、いまからそれを一歩進んでやってみてください、といっても、何も行動レベルではやれない場合がほとんどです。

いま、その場でできないことは、明日も明後日も、1年後もできません。ビデオカメラテストで、具体性をチェックすることは、一歩踏み出す行動にしておくという意味で、非常に重要なのです。

まず、定義の一つ目である「自ら考える」を具体的な行動にしてみましょう。

【自ら考える】

- もっとよい仕事のやり方を、自ら提案する
- どうしたらお客様にもっと喜んでもらえるか、案を出す
- なぜ、仕事がうまくできないか、理由を書き出す
- 理念を実現するには、何をしたらいいかを発表できる
- 自分が成長するためには、どんな知識と技術が必要かを伝えられる

次に、定義の二つ目である「自ら判断する」を具体的な行動にしてみます。

【自ら判断する】

- 次の仕事は何をやるべきかを決めて、まわりに伝える
- 選択肢が出たときに、理念にもとづいて正しいほうを選ぶ
- お客様から質問を受けたときに、的確に回答する
- チームとしてのメリットを優先して仕事の取捨を行なう
- いまやるべき優先事項がわかり、それを書き出す

さらに、定義の三つ目である「自ら行動する」を具体的にしてみます。

【自ら行動する】

- 指示が出る前に、仕事を始める（仕事はその人の実業務）
- 自分の仕事が終わった後、新たな仕事を始める
- 立候補を集うようなときには、手をあげる
- 会議では、必ず意見をいう
- 難易度の高い仕事も、できないと言わずにやり始める

　まずは、こんな感じで具体的行動レベルにしてみました。実際には、その企業・組織に合わせた内容で、もっとたくさん書き出してみましょう。

　この工程を、研修ワークとして実施してもよいでしょう。とても効果は大きいです。研修を通して、抽象的な定義から、具体的な行動レベルを考えるようになってきます。

　ここに掲げた具体的行動がどんどん職場で起きるようになり、そのような人が増えてくると、「自律型社員」が増えてきたといえそうです。

　そして、実際にそうした変化が起きた組織は、間違いなく強い組織となっています。

4-3 自律型社員の育成を3ステップでデザインする

▶ターゲット行動を取り上げる

　いよいよ、「自律型社員」の育成に入っていきますが、その前に、一つだけお伝えしておきたいことがあります。

　この本では、自律型社員の行動の一つを「**ターゲット行動**」として取り上げ、その行動を自分から起こすようになり、習慣にするための方法を説明していきます。

　しかし、本来、人材育成に関する取り組みは、重要ではあるが緊急ではない、マトリクスの第二象限にある最たるものです（だからこそ、取り組んでいるところとそうでないところでは、大きな差が生じるのですが）。

　人材育成は、中長期的な取り組みで、長い期間をかけてコツコツと取り組んだ結果、成し遂げられるものであり、ノウハウだけで魔法のようにできるものではない、ということをまず理解してください。

　結果がすぐに目に見えるときもあれば、なかなか手ごたえがない場合も、うまくいかないこともあります。

　それを頭に入れて、流行り廃りがあり、簡単にできるというような謳い文句の人材育成ノウハウに踊らされずに、原理原則にもとづいた再現性のある取り組みを、地道ながらも実施していき、ぜひ定着させていただきたいと切に願っています。

　それでは、「自律型社員」としての具体的な行動の一つを取り上げ、その行動が繰り返し起こるようになり、習慣化するためのＡＢＡマネジメントを進めていきましょう。

　本来、中長期の取り組みである人材育成なので、この本では、一つのターゲット行動をサンプルとして紹介するにとどまることをあ

らかじめご了承ください。

とはいっても、同じようなやり方で他の行動を習慣化することはできますし、「般化」（2－7項参照）という現象により、他の行動ができるようになることも起きてきます。

ターゲット行動として前項の「自ら考える」具体的行動のなかから一つ、「**もっとよい仕事のやり方を、自ら提案する**」を取り上げてみます。この行動をどんどん増やし、習慣化させるＡＢＡマネジメントを、手順を追って進めていきます。

●育成をデザインしておくことが重要

ここで大事なのが、**育成の「デザイン」をしっかり持っておく**ということです。

「デザイン」とは「設計・図式」のこと。つまり、どのように「自律型社員」を育成していくかの「設計」や「図式」を最初からしっかりと考え、そのデザインに従って実行していくことが大事なのです。

いままで「自律型社員」とはいえなかった人を、何か魔法のように一つのやり方で簡単に変えられるものではありません。

- **自転車に乗れない人を乗れるようにするためには、どのように教えていったらよいでしょうか？**
- **箸がちゃんと持てない人を持てるようにするためには、どのように教えていったら持てる人になるでしょうか？**

「やる気を出して自転車に乗れ！」とか「本気で箸を持て！」といっても、身につけることはできません。

やって見せて、言って聞かせて、させてみるのです。

できないことができるようになるためには、その教え方、実践のさせ方、フィードバックのしかたなど、段階を追った「デザイン」を考えておき、その手順にそって相手の成長度合いをみながら進めていく必要があるのです。

「自律型社員」の育成もまさに同じです。「意識を高くして自律型社員になれ！」といくら声高に言っても、そのとおりになることはできません。しかし、いくつかのステップにデザインして、それを実践していくことでちゃんと自律型社員を育成することができるのです。

▶自律型社員を育成する３ステップ

　自律型社員になってもらうには、３ステップで段階を追って育成するデザインのもとに行ないます。３ステップとは、次の３つです。

① 「きっかけ」（Ａ）と「フィードバック」（Ｃ）で
　ターゲット行動（Ｂ）を「連続強化」する

⬇

② 徐々に「きっかけ」（Ａ）を減らし、
　自分自身でできるようにする

⬇

③ 「フィードバック」（Ｃ）を減らしていき、
　「連続強化」から「部分強化」に変える

　最初からいきなり「自律型社員」を求めても、すぐになれるものではありません。この３ステップデザインで、手順を追ってしっかりと習熟具合をみながら育成していくことが、最終的には近道となり、現実的な人材育成へとつながっていきます。

　それでは、上記①、②、③の３ステップについて、それぞれもう少し詳しく見ていきましょう。

136

4-4 「きっかけ」と「フィードバック」で行動を「連続強化」する

▶ステップ①からスタート

　いきなり最初から、指示などしなくても行動できることを求めるのではなく、まずは、「Ｂ：行動」を引き出すためのきっかけである「Ａ：先行条件」となる具体的な指示を出します。望ましい行動をしてもらうステップから入っていくわけです。

　「いやいや、求めているのは指示を出さなくても動いてくれる社員だよ。指示を出して動かすのでは意味はない」と言われるかもしれません。もちろん、最終的には上司が細かい指示など出さずとも、自分から行動してくれる社員の育成をめざします。

　ただし、いきなりではなく、まずはきっかけがあれば、望ましい行動をしてもらえるステップから入ることが大事なのです。

　なぜなら、自分から起こす行動であるならば、どんなことでもよい、なんでもよい、間違えたことでもよい、というわけでは、もちろんないはずです。

　自分からやってほしい行動は、あくまでも会社や上司が期待する「**望ましい行動**」です。この「望ましい行動」を、どんどん自主的にやれる人になってほしいのです。

　「望ましくない行動」を自分勝手にやっている社員を「自律型社員」とはいいませんね。それは、ただの迷惑な社員です。

　まずは、

> 指示を出して、「望ましい行動」を実際にやってもらう

ところからスタートしましょう。

なかなか行動しない社員には、その行動が引き出されるような具体的な指示をしていきます。
　先ほどの「自律型社員」の具体的行動からターゲットとして取り上げた、「**もっとよい仕事のやり方を、自ら提案する**」を例にして、実際に育成していきましょう。

▶現状をＡＢＣ分析する

　まず、簡単に現状を分析してみましょう。わかりやすくするために、対象者は「Ａさん」、上司は「Ｂ上司」とします。
　Ａさんの現状をＡＢＣ分析すると、次のとおりです。

　現状では、Ａさんから「提案する」という行動は出てきていないので、このような感じのＡＢＣ分析となります。
　行動自体は「－」で表記し、行動していなければ、それに伴う結果の出現も当然ありませんので、同じく結果も「－」で表記することになります。
　このまま、本人が自律型社員になってくれることを待っていても、いつまで経っても変わりませんので、きっかけである「Ａ：先行条件」を変えます。
　そこで、Ｂ上司はＡさんに「何か改善点はないか？」と聞きます。
　すると、Ａさんは、「紙ではなくデータで管理したらどうでしょうか？」と提案してきました。

　B上司が声をかけるという「きっかけ」を示したことで、行動が引き起こされ、Aさんから提案が出ました。
　もちろん、これでは自律型ではなく、指示待ち型です。しかし、きっかけを使えば、望ましい行動が引き起こされます。これが第一歩のスタートです。
　次に、このままでは、行動を引き出すだけなので、提案したらよいことが起こるという経験をさせる必要があります。
　そこで、B上司は、提案をしたAさんを褒めました。
「さすが！　いいアイデアだね。やってみよう！」

「C：結果」に好子が出現しました。
　これにより、Aさんの「提案する」という行動を増やしていくことができます。

まずは、これが第一ステップです。

きっかけとして「改善点はない？」と声をかけることで、「提案する」という行動が出て、フィードバックとして「いいアイデアだね！」というよい結果を提示することで、提案するという行動が繰り返されるようになるのです。

つまり、「好子出現による強化」です。

▶「連続強化」を行なう

しばらくは、必ず毎回、フィードバックには「よい結果」（好子）を提示してあげるようにしてください。

行動に対して毎回、好子を提示して「連続強化」をするわけです。「連続強化」については、2－9項の「強化スケジュール」のところで、詳しく触れています。

「提案したら、ちゃんと褒められる」という、成功体験をまずは学習してもらうのです。

ちなみに、日本の組織にありがちなケースを一つ紹介しておきましょう。

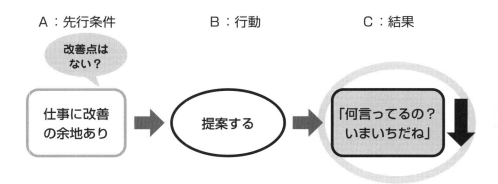

「A：先行条件」と「B：行動」はまったく同じです。しかし、「C：結果」に嫌子が出現するパターンです。

「何か提案はない？」とＢ上司が指示したら、Ａさんは、「データ化はどうでしょうか？」と提案しました。

しかし、そこでＢ上司は、「何言っているの？　そんなのわかっているよ」とか、「いまいち、レベル低いな」などというフィードバックをしてしまうことがあるのです。

「嫌子出現による弱化」ですね。

これでは、Ａさんの「提案する」という行動は、どんどんやらなくなってしまいます。「提案」したら、嫌なことが起きるからです。

そのうち、「Ｂ部長の考えることが一番です！　私なんてまだまだです」などと言っていれば、嫌な結果をもらわなくてすむようになったりします。

これでは、Ａさんは、次第に「提案する」という行動をしなくなりそうです。

このことからもわかるように、これまでの日本の組織では、指示はするけれど、その後のフィードバックのスキルが上司側に備わっていない、ということが大きな課題として、指摘されています。

「自律型社員」がいないのではなくて、上司が「自律型社員」を「非自律型社員」に育てて（？）しまっているのかもしれません。

4-5 徐々に「きっかけ」も減らしていき、自分自身でできるようにする

▶ステップ②に進む

　次のステップは、徐々に指示を減らしていく、という136ページ図のステップ②になります。ここでの「何か改善点はないか？」という指示は、「**プロンプト**」といわれるものです（2－6項参照）。

　適切な行動を引き出す、補助的なきっかけであり、そのうちこれがなくても、適切な行動ができるようになってきます。

- 慣れない駅で、最初は案内板（プロンプト）を見ないとホームにたどり着けなかったのが、そのうち見ないで行けるようになった。
- 手拍子（プロンプト）がないとリズムが取れなかったのが、そのうち手拍子がなくてもリズムを取れるようになった。
- 説明書（プロンプト）がないと操作できなかった機械が、いまでは何も見ずに操作できるようになった。

　これらとまったく同じ機能で、最初は声がけ（プロンプト）されないと提案しなかったのが、そのうちなくてもできるようになります。

　人により、早い・遅いの差はありますが、2～3か月をメドに、少しずつ指示のしかたを変え、提示を減らし、自分から提案してくるようになるまでに、もっていきましょう。

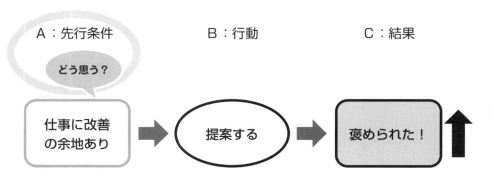

たとえば、このように、いままでは「何か改善点はないか？」と聞いていたのを、「どう思う？」と変えます。詳細な指示から、おおまかな指示に変えることで、自分自身で考える余地が大きくなっていきます。

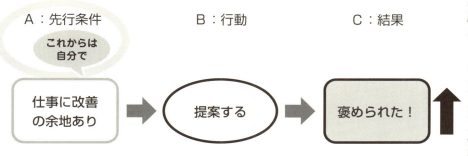

　さらには、上図のように、「これからは、こちらからは聞かないけれど、思いついたらどんどん提案してくれ！」というように、指示をフェードアウトしていきます。

　自分から言うルールとして、「Aさんだったら、これから自分で考えてくるのを期待している」と明確に伝え、きっかけ（プロンプト）がなくとも、自分で提案してくるように形づくっていきましょう。

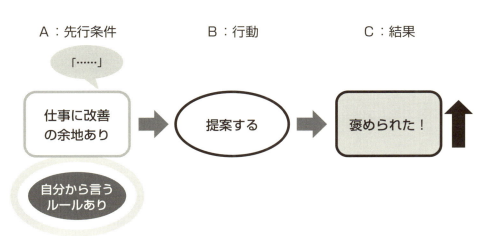

この際にも、まだ「Ｃ：結果」は必ず、褒めるようにしましょう。きっかけをもらわなくても、上司に提案した際には、必ずよい結果が出るという「連続強化」で、まずは「提案する」ということがどんどんできるように、強化を進めておかなければなりません。

　また、きっかけを減らしていくと、上司から聞かないと言わなくなってしまうことも考えられます。
　その際には、しばらくしてから「最近、提案がないけど、どう？」というように、聞いてあげましょう。再度きっかけを提示するわけです。
　そして、提案が出てきたら、いままで以上に大きな好子を提示するようにします。たとえば、こんな感じです。
　「おお、なるほど！　やっぱりＡさんの案はいいよ！　提案してくれないともったいないなあ」

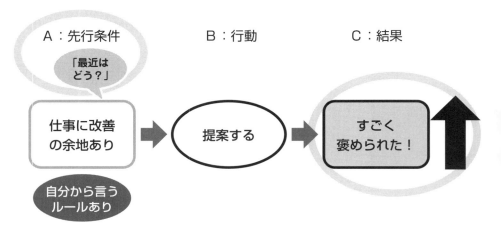

　このように、様子をみながらも、指示はフェードアウトできるように減らしていく必要があります。
　指示をしたほうが楽な場合は多々あるでしょうが、やろうとしているのは「人材育成」です。

人材育成は中長期的な取り組みなので、いまその場の処理（第三象限）を優先してしまっては、いつまで経っても育成にはつながりません。

▶優秀な上司はこれをやっている

「ここまで丁寧にやらなくてはいけないのか」と問われる場合もあります。

結論からいうと、「はい、やってください」という回答になります。人材育成には、手間暇がかかるのです。

人材育成には、ふだんの仕事以上に取り組まなくてはいけないぐらいの重要度を置かないといけません。

いわゆる「優秀な上司」（レッテルを貼っていることになりますが、あえて）は、このような人材育成のデザインを、経験などから身につけています。

はじめは丁寧に教え、自分でもやって見せて、そしてやらせて、相手が喜ぶフィードバックをする。それから、教えることや指示を少しずつ減らしていって、それでも頑張ったときには、大きく褒める——これが人材育成の原理原則で、ＡＢＡ（応用行動分析学）の分析など知らなくても、これをできる人がやはり優秀な上司なのでしょう。

そのような優秀な上司ばかりではないのが、組織の現実です。

経験則だけでは、なかなか教えられないものを、ＡＢＡマネジメントは「しくみ化」して、誰でも取り組めるようにしています。

手間をかけた分、苦労した分は、必ず部下の育成につながっていきます。

4-6 「フィードバック」を減らしていき、「連続強化」から「部分強化」に変える

▶「たまに」褒められるようにしていく

次は136ページ図のステップ③ですが、今度は「C：結果」のほうも、徐々に減らしていきます。「連続強化」から「部分強化」への移行です。

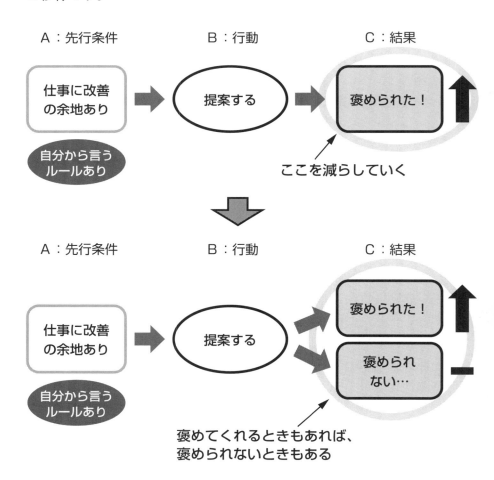

146

３ステップのうち、この『「フィードバック」（Ｃ）を減らしていき、「連続強化」から「部分強化」に変える』は、もしかしたら、実施しなくてもいいかもしれません。

　提案してきたら、毎回褒める——「自律型社員」の育成だけを考えたら、別に毎回褒めることをやめなくてもいいはずです。よいフィードバックにあふれた、やりがいのある職場なわけですから。

　では、なぜ、この「Ｃ：結果」を徐々に減らしていくのか、それは「部分強化」のほうが、よりたくさん、より継続して行動をするようになるからです。

▶ 部分強化がもたらすもの

　連続強化から部分強化（たまに褒められる）にしていくと、褒められないときに行動しなくなってしまうことに、抵抗力がついてくるようになります。

　これを、ＡＢＡ（応用行動分析学）では、「**消去抵抗**」といいます。「消去」とは、２−３項で解説しています。

　よい結果（好子）が出てこなくなると、それまで強化されていた行動をしなくなってしまいます。しかし、毎回必ずよい結果（好子）が出てきたときに比べ、出たり出なかったりするときのほうが、行動をしなくならずに継続するのです。

　なかなかわかりづらいかと思いますが、そんなときは次の例で考えてみましょう。

- 子どもが、お菓子をほしいとねだると、お母さんが毎回お菓子を買ってくれた。しかし、ある日からまったく買ってくれなくなった。一時的に、何度もねだったが、その後は諦めてねだらなくなった。
- 子どもが、お菓子をほしいとねだると、お母さんは買ってくれるときと買ってくれないときがあった。そのうち、何度ねだっても、買ってくれない時期が続いた。もっとねだれば、買ってくれるだ

147

ろうと思い、子どもはねだり続けた。

　ＡＢＡ（応用行動分析学）は、古くからある学問なので、どれくらいの間隔で好子を提示したら、行動が継続するのか、あるいは行動をやめてしまうのかという実験データが多くあります。

　その実験の結果、連続強化に比べて部分強化のほうが、行動は継続することがわかっており、これはＡＢＡ（応用行動分析学）のなかでも、中心的となる重要な原則です。

　一般的な言い方をすると、それまで当たり前に必ず出ていたものが出なくなると、諦めも早くなるということです。

【連続強化からの消去】→ 消去しやすい

●ボールペンのインクが出ていた
　　　　　　　　　　→ 出なくなった → 使わなくなる
●毎回メールの返信があった
　　→ ある日まったく来なくなった → メールを出さなくなる
●必ず映っていたＴＶ → つかなくなった → 使わなくなる

【部分強化からの消去】→ 消去しにくい

●ボールペンのインクが出たり出なかったり
　　　　　　→ 今日は出なくなった → もう少し粘って使う
●メールの返信があったりなかったり → しばらく来ない
　　　　　　→ 次はもらえるかも…とまたメールを出す
●調子の悪いＴＶ → つかなくなった
　　　　　　　　　　→ つくまで何度も試してみる

このように、よい結果「Ｃ：好子」が、当たり前のように毎回出ているときは、出なくなったら、もう終わりというように消去されやすくなります。

　一方、もともと出たり出なかったりの経験をしていると、いまは出ないけれども「次こそは」とか「もっと粘れば出るかも…」と行動はより継続するのです。

▶ 行動を習慣化させる

　この部分強化についても、いわゆる人材育成が得意な上司は、自然とできたりします。

　毎回褒めるわけではないけれど、そろそろかな、というタイミングや、同じ行動でも、より質の高い行動であったときに、間髪入れずに褒める。すると、部下は、やっぱり見てくれていたんだ、頑張ってやった甲斐があった、と次の行動への動機づけになるのです。

　アメの使いどころ、というような感じでしょうか。

　褒める、というよい結果は、いきなりまったくなくしてしまうと、せっかく強化していた「提案する」という行動をしなくなってしまいます。徐々に、毎回ではなく、たまには褒めないときをつくってみましょう。

　部下は、「あれ？」という感覚になり、「もっとよい提案でなければだめなのか」とか、「提案をもっとたくさん出さないとだめなのか」となってきます。

　ここで、頑張って提案してきたら、いままで以上に大きな承認で褒めてあげる。少しずつ減らしていくことで、消去抵抗が強くなってくるわけです。

　しかし、まったく褒めることをしなくなると、いつの日か行動は消去されていきます。「たまのアメ」は、必ず出せるようにしておきましょう。

4-7 他の行動も、同じように強化していく

▶ 行動は「般化」していく

　いわゆる「自律型社員」の行動の一つを、ターゲットとして取り上げ、3ステップのデザインで育成することを見てきました。他の行動も同じようにして、身につけてもらうようにしていきます。

　「自律型社員」の行動が、指示がなくてもたくさんできるようになれば、その人は「自律型社員」と認められるようになるでしょう。

　繰り返しになりますが、「自律型社員」という抽象的な内面を先につくり、それが行動を引き出しているのではありません。行動が先で、望ましい行動がたくさんできるようになり、それが繰り返されて定着することで、「自律型社員」となるのです。

　このイメージをしっかり持って、人材育成に取り組んでいただきたいと思っています。

　そして、「自律型社員」ができるといわれる行動の特性は、提案だけではなく、もっとたくさんあります。この本で例示しただけでも、以下のように出していました（132〜133ページ）

【自ら考える】
- もっとよい仕事のやり方を、自ら提案する
- どうしたらお客様にもっと喜んでもらえるか、案を出す
- なぜ、仕事がうまくできないか、理由を書き出す
- 理念を実現するには、何をしたらいいかを発表できる
- 自分が成長するためには、どんな知識と技術が必要かを伝えられる

【自ら判断する】

- 次の仕事は何をやるべきかを決めて、まわりに伝える
- 選択肢が出たときに、理念にもとづいて正しいほうを選ぶ
- お客様から質問を受けたときに、的確に回答する
- チームとしてのメリットを優先した、仕事の取捨を行なう
- いまやるべき優先事項がわかり、それを書き出す

【自ら行動する】

- 指示が出る前に、仕事を始める（仕事はその人の実業務）
- 自分の仕事が終わった後、新たな仕事を始める
- 立候補を集うようなときには、手をあげる
- 会議では、必ず意見をいう
- 難易度の高い仕事も、できないと言わずにやり始める

　たしかに、これらがすべてできるようになれば、「自律型社員」と言えそうではあります。しかし、これらの一つひとつを、先ほどの３ステップで育成していかなければならないのか…と思うと、ちょっと気が遠くなりそうです。

　実は、実際にはそんなことはなく、人（動物もですが）には、「**般化**」という、素晴らしい行動の特性が備わっているのです。

- 指示を受け、提案したら、ちゃんと褒めてもらえた。
- そのうち指示がなくとも、提案できるようになった。
- 毎回褒めてくれるわけではなくなったが、よりよい提案や、粘って諦めずに提案したら、もっと褒めてくれた。

　このような「成功体験」をして、消去抵抗の強い行動の強化が身

についている社員は、「提案」という行動だけにとどまらず、別の行動でも似たようなことが起きるようになってきます。仕事の改善の提案だけではなく、お客様に喜んでもらえるアイデアを上司に出してくるようになってきます。

改善提案をするときに、成功体験があるおかげで、「この上司には、改善提案だけではなく、お客様にこうしたほうがいい、ということを伝えたら、認めてくれるのでは？」というようになってきます。

このように行動できることに、意識的とか無意識とかは考えなくてよいのです（これを考え出すと、また循環理論に陥ります）。強化履歴がある人は、似たようなケースでも行動が強化されやすくなるのは事実で、行動の原理だととらえておけばよいのです。

「提案する」に近いような行動であれば、そのような効果が期待できます。まったく違うような行動、たとえば前述の行動のなかでは、「選択肢が出たときに、理念にもとづいて正しいほうを選ぶ」などは、また3ステップで強化していきましょう。

各ステップは、それぞれ一つずつではなく、同時進行で複数の育成に取り組むこともももちろん可能なのです（業務時間とのバランスを取ることは現実的に必要でしょうが）。

Break Time

3人のレンガ職人

企業研修の講師を務めることが多いのですが、管理職向けの研修の際によく持ち出すのが、この「3人のレンガ職人」の話です。

旅行中の旅人が、ある町にたどり着いたところ、一人の男がレンガを積んでいました。

旅人はあいさつも兼ねて、その男にこう話しかけました。

「ここであなたは何をしているのですか？」

すると、男はこう答えました。

「何をしているかって？　見てわからないのか。俺はレンガを積んでいるんだよ。毎日同じ仕事で、もう、うんざりだ。嫌な仕事さ」

旅人は、「大変ですね。嫌な仕事だ」と言い残して、また歩き始めました。

すると、少し先に、同じようにレンガを積んでいる職人がいました。旅人は、その男に話しかけました。

「ここであなたは何をしているのですか？」

すると、今度の男はこう答えました。

「私はね、教会を建てているんだよ。毎日同じ作業で疲れるけれどね」

旅人は、「大変ですね。嫌な仕事だ」と、先ほどの男が言っていたことを思い出して、答えました。

すると、今度の男は、こう言います。

「いやぁ、大変だけど嫌な仕事ではないよ。立派で格好いい教会が出来上がることを楽しみにしているんだ」

旅人は、「失礼しました。素敵な教会ができるのが楽しみです。がんばってください」という言葉をかけ、また歩きはじめました。

　すると、少し先に、同じようにレンガを積んでいる職人がいました。旅人は、その男に話しかけました。

　「ここであなたは何をしているのですか？」

　すると、この男はこう答えました、

　「私はね、この町の人々に、慈愛と祝福をもたらす仕事をしているんだよ！」

　「大変ですね」と旅人が声をかけると、男は、こう言いました。

　「大変ではないよ、とても名誉な仕事さ。このレンガを積むことが、町の人々の幸せにつながるのだから」

　旅人は、その男にお礼を言って、元気に歩き続けました。

　その仕事が、何を目的にして、何をもたらすものなのか──それをわかって働いているのと、そうでないのとでは、大きな差が出てきます。

　仕事の質やスピードの差、そしてなにより「やりがい」の差です。

　目的をわかって仕事をすることに加え、頑張った行動のあとに、ねぎらいの言葉や褒められる言葉が出現したら、きっとその行動はどんどん繰り返されるようになるでしょう。

　これこそが「やりがい」のある職場ではないでしょうか。

　目的を知っていることは「Ａ：先行条件」で、褒められるのは「Ｃ：結果」です。

　まわりで、やろうと思えばできる環境を設定するのです。「やりがいのある職場」は多くの企業でめざしています。

　一つのヒントとして、ＡＢＡマネジメントを用いることも検討してみてください。

5章

業績向上を
ＡＢＡマネジメントで
実現する

Applied

Behavior

Analysis

MANAGEMENT

5-1 人事評価にＡＢＡマネジメントを活用する

▶ＡＢＡ（応用行動分析学）と人事評価制度

　この章では、ＡＢＡマネジメントを活用することで、社員の行動を組織の業績向上につなげる、というテーマで説明していきます。

　私が代表を務める会社は、人事評価制度のコンサルティングを主な業務としていて、そこでオリジナルの「Ａ４一枚評価制度」というものの導入業務を行なっています。

　また、それに関する書籍『**人事評価で業績を上げる！「Ａ４一枚評価制度」**』（アニモ出版：2016年8月発刊）も出ています。

　その本でも、ＡＢＡ（応用行動分析学）に関する話を、まるまる１章分使って解説しています。それほど、ＡＢＡと人事評価制度は、とても相性がよいのです。

▶成果は行動の集積である

　会社や組織の業績というものは、社長一人で何とかしようと思っても、成し遂げられるものではありません。

　たくさんの社員の、それぞれの行動の積み重ねにより、成果が出て、それが集まったものが業績となるのです。

　その一人ひとりの行動が、望ましいものであり、行動の量も質も増えるようであれば、組織の業績はより向上していきます。

　当たり前といえば、当たり前なのかもしれませんが、あまりこの「社員の行動」までは落とし込めていないことが多く、「個人の成果」までで止まっていることが多いと感じています。

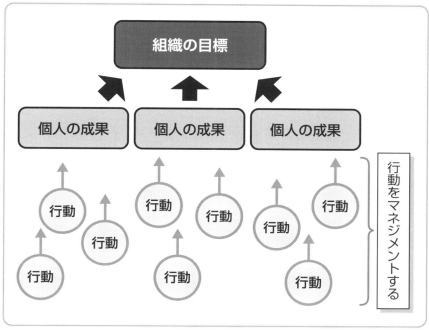

◎社員の「行動」の集積が成果につながる◎

「個人の成果」も、その個人の行動の結果でしか出せません。成果は、行動の集積なのです。

● ＡＢＡと相性のよい人事評価制度

あなたの会社では、人事評価制度を導入していますでしょうか。

「人事評価制度」を導入することで、ＡＢＡマネジメントをシステムとして行なうことができるようになります。

たとえば、「評価の項目になっている」ということは、「Ａ：先行条件」として、行動を引き起こす働きをします。

また、「行動した後に評価点が上がる」ということは、「Ｃ：結果」として、行動を繰り返させ、習慣化する働きをします。

なにはなくとも、まずは現状のＡＢＣ分析からスタートです。行

動のしくみがわかります。

　人事評価制度を導入していない段階で、仕事をするという行動がどのようになっているか、見てみましょう。

【人事評価制度の導入前】

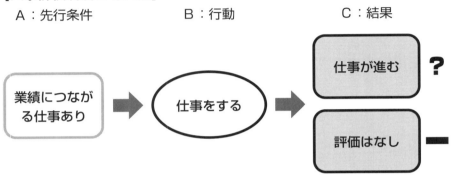

　業績につながる仕事は、目の前に確かにある「Ａ：先行条件」です。これがあるので、仕事をするようになります。

　「Ｂ：行動」は、「仕事をする」です（実際は、もっと細かい単位での業務になります）。

　そして、行動した後の「Ｃ：結果」には、何が出現するでしょうか。

　「仕事が進む」という結果は、仕事をする従業員にとって、好子なのか、嫌子なのかは、なんとも微妙です。

　仕事が進んで業績につながることは、会社や組織にとっては、間違いなくいいことですが、その場で仕事をしている従業員にとっては、必ずしも、そうとはいえないような気がします。

　ましてやその結果は、大きすぎて遠すぎて、実感も少ないのではないでしょうか。

　「評価はなし」という結果は、よいものも悪いものも出現しないので、プラスでもマイナスでもない「ハイフン」で表記します。

　こうして分析すると、人事評価制度がない状況では、業績につながる仕事をする、という行動は、強化されにくい環境にあるという

ことがわかってきます。
　では、ここに人事評価制度を導入したら、行動の前後の環境はどのように変わるでしょうか。

【人事評価制度の導入後】

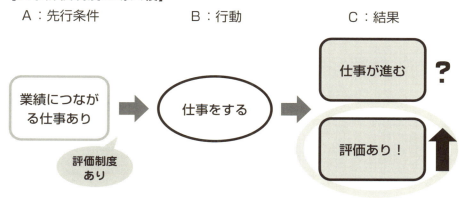

　このように、まずは「きっかけ」として、評価制度があるということを知っていることで、行動は引き起こされやすくなります。
　さらに、いままではなかった、仕事をしたら会社や上司からの「評価」が出現するようになります。行動が強化されていきそうですね。
　もう一つ、「A：先行条件」に、あるものを加えたら、どうなるでしょうか。
　あるもの、とは、「理念」です。
　理念によって、いま、やっている仕事は、何のためにやっているのか、何につながっていくのか、を浸透させるのです。
　ただ言われてからやっている、仕事だからやっている――これでは、「仕事」というよりも「作業」になってしまいます。
　それよりも、いまこの仕事をすることで、世の中の何に影響を与えることができるのか、どんな人に何をもたらすのか。その目的・理念を見据えたうえでの「仕事」と、知らないでやっている「作業」とでは、同じ行動でも、質も量もスピードも変わってきます。

そして、いままでは「？」であった「Ｃ：結果」の「仕事が進む」ということの価値が変わってきます。これが、「好子」になってくるのです。

　たとえば、次のような理念があったときのことを考えてみましょう。
　「私たちの理念は、子どもたちを笑顔にすること。私たちは、この商品とともに、子どもたちに幸せを届けます」

【人事評価制度の導入後】さらに【理念や目的の浸透後】
　Ａ：先行条件　　　　　　Ｂ：行動　　　　　　Ｃ：結果

※仕事が進むことが
　好子になる！

理念・目的
あり

業績につながる仕事あり

仕事をする

仕事が進む

評価制度
あり

評価あり！

　自分が仕事をすること、行動して進めることが、何につながっているのか——これを知っている環境下では、結果の価値が変わり、「好子」になっていくのです。
　人によっては、評価などよりも、よっぽど大きな「好子」になる可能性もあります。
　理念を浸透させるということ、目的を明確に伝えるということは、仕事を強化するための「Ａ：先行条件」をつくり出している、ということなのです。

●個人に委ねるとバラツキが大きくなる

人事評価制度を導入していなくても、行動の強化はもちろんできます。

制度などなくても、上司の指示などを「きっかけ」（Ａ：先行条件）にしてよいフィードバック「頑張ったな！」（Ｃ：結果）を出現させることで、仕事をするという行動は強化できます。

もちろん、このようなふだんの上司・部下のコミュニケーションによる行動の強化は、非常に重要であり、短い時間でできるので、効果を発揮するには、むしろ人事評価制度よりもよいといえるでしょう。

しかし、大きな問題が一点あります。

それは、上司によって、できる・できないが大きくバラつくことです。

しっかりとＡＢＡマネジメントを使える上司であれば、それこそ評価制度などなくとも、行動を促すことはできます。しかし、個人の内面を攻撃する、やらせっぱなしでフィードバックをしない、ダメ出しばかりする上司の下では、部下の望ましい行動は、いつまで経っても増えてきません。

上司の行動もまた、ＡＢＡマネジメントで変容させることは可能です。ただし、時間やコスト、手間などがかかります。

制度としてしくみを備えるのか、それともすべての上司にマネジメントスキルを身につけてもらうのか、どちらが施策として有効か、という判断になるかと思います。

もちろん、まずは制度を導入し、その後、じっくりと上司のマネジメントスキルを伸ばす教育をしていくなど、バランスをとってどちらも高めていくことが望ましいといえます。

5-2 組織目標→個人目標→個人行動のマネジメントシステムをつくる

●ＡＢＡマネジメントを用いた「ミニミニ評価制度」

「人事評価制度」というと、大それたもののような気がしますが、これから紹介するのは、もっと気軽に、数名単位の組織でもできるような「しくみ」です。

狙いは、次の２つです。

> ①頑張ったことの見える化。そこから早めのフィードバックで、望ましい行動の強化が起きること
> ②各自の強化された望ましい行動が集積することで、業績向上につながること

人事評価制度といっても、「ミニミニ評価制度」というぐらいのものでしょうか。しかし、ミニでも行動の強化という意味では強力なものです。

ＡＢＡマネジメントを使って行なうフィードバックシステムは、大がかりの人事評価制度よりも、もっと使いやすいものになっています。

もし、いましっかりした人事評価制度があるという場合は、運用する際にあたって、このミニミニ評価制度のやり方を参考にしてください。

「制度」というものは、手段であり、ツールです。本来の目的につながるように、活用されればよいわけです。

逆にいうと、一生懸命皆で苦労して運用していても、目的につながらないようであれば、それは見直しが必要ということになります。

さて、ＡＢＡマネジメントを用いたミニミニ評価制度ですが、次の手順で構築していきます。

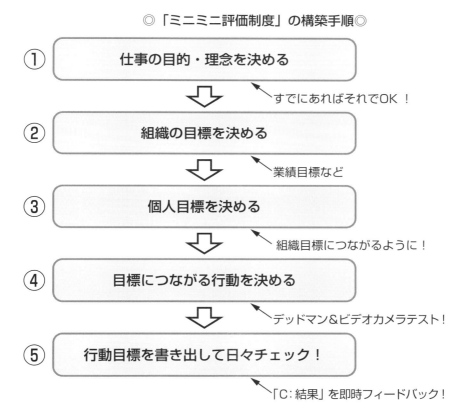

上図のような手順で構築していきます。人数にもよりますが、頑張れば、１日で出来上がるかと思います。

このミニミニ評価制度の内容を書いたシートや、ＰＣでの共有画面などを日々やり取りすることにより、即時フィードバックの「Ｃ：結果」を提示できるようになります。

また、上司と部下とでやり取りがあることで、本来は後回しにしてしまいそうな仕事（重要度は高いが緊急度の低い第二象限にあるもの）も、緊急度が高まり、取り組むようになってきます。

本当によいことばかりのマネジメントシステムになる「ミニミニ評価制度」。唯一のデメリットは、慣れるまで手間がかかるように感じてしまうことです。何事もそうですが、新しいものに取りかかるときは抵抗感が強くなってしまいますね。

　では、構築手順に沿って、それぞれの詳細と、その際に気をつけることについて見ていきましょう。

▶①仕事の目的・理念を決める

　すでに「企業理念」や「仕事の目的」をつくっている場合は、もちろんそれでOKです。
　ただし、再度確認しておきましょう。その理念や仕事の目的は、社員にとって、仕事を進めるにあたって魅力あるものかどうか、それがとても重要だからです。

●お客様の幸せにつながる
●自分自身の成長につながる
●商品やサービスの質が高まる
●世の中に貢献できる

　これらは、一般的ではありますが、仕事を進めることの価値を高めるものになっています。
　ここで決めたことは、しっかりと浸透させましょう。頭のなかに常に入れておくことで、「Ａ：先行条件」として機能することになります。

▶②組織の目標を決める

　次は、直接的に「業績アップ」につなげる項目です。組織の数字目標となっても問題はありません。売上や利益などが、設定されることが多いでしょう。

もちろん、数字目標だけではなく、店舗を増やすとか、人材を育成するとか、何かのコンクールで優勝するとか、そのような目標になっても大丈夫です。

　大事なのは、成し遂げたいことをしっかり設定し、社員にもそれを認識してもらうことです。

- ●組織の売上10％アップ
- ●組織の利益５％アップ
- ●アルバイトリーダーを３名育成する
- ●新システムを稼働させる

　テーマは、「業績向上をＡＢＡマネジメントで実現する」ことなので、一応、会社の考える「業績向上」につながるものにしていきましょう（もちろん、業績とは関係のない目的であれば、それに応じて目標も変わってきます）。

　組織の目標は、実際には、経営者や上司が思っているほど、社員には伝わっていないことが多くあります。

　社員総会でしっかり説明している、期の始まりに書面にして渡している、社員には伝えている、といわれている会社でも、現場の社員に「今年の会社の目標って何ですか？」と聞くと、「えーっと…」となってしまうケースをたくさん見てきています。

▶③個人目標を決める

　次に、個人目標を考えていきますが、ポイントは、「必ず組織目標と連動している」ということです。

　ここでは「業績向上」がテーマなので、やはり、先ほどの組織目標と同じように、組織が考える業績につながるような目標にしていきましょう。

　個人目標となると、ついつい、自己啓発的なものになったり、個人的に好きなことを目標にしてしまったりしますが、それをどんな

に頑張って、一生懸命に達成したとしても、組織の目標には何の影響もなかった…などという失敗をしないようにしましょう。
　そんなことは当たり前だろう、と言われるかもしれませんが、けっこうありがちなことなのです。

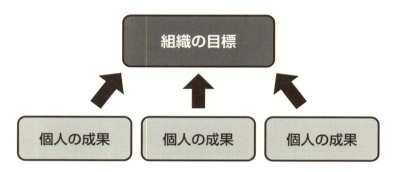

　上図のイメージが非常に重要です。そのうえで、個人の目標はたとえば次のようにします。

● 個人の売上10％アップ
● 個人の利益５％アップ
● アルバイトリーダーを１名育成する
● 新システムについてチームに教育できるようになる

　それぞれ、個人が目標を達成したら、ちゃんと組織の目標も達成できるように、個人と組織がつながっていることを意識して決めましょう。

▶④目標につながる行動を決める

　次は、いよいよ「行動」を決めていきます。
　たとえば、個人の目標を「売上10％増」にしました。この目標を達成するためには、どんな行動をどれだけやっていくのか、できるだけ具体的に設定していきます。
　その際に、３－３項で説明した「デッドマンテスト」と「ビデオ

カメラテスト」をクリアできるように、チェックするとよいでしょう。

【個人目標：売上を10％上げる】

具体的な行動は？	デッドマンテスト	ビデオカメラテスト
新規の訪問を徹底する	○	×
ムダな提案をしないようにする	×	×
毎日、１件は新規のお客様に提案書を出す	○	○
商品知識の勉強を週に１時間行なう	○	○
専門用語をなくしたパンフレットをつくる	○	○

　上の表のような感じで、死人にはできない（受け身ではない）表現にし、ビデオカメラで撮影した際に、映像を見て何をやっているかがわかるレベルにする（具体化する）ようにしましょう。

　このようにして個人の具体的な行動を決めていきます。

　この二つのテストをクリアするためのチェックは、慣れるまでは、多少手間でもできるだけやるようにしてください。

　実際に、具体的な行動を決めたあとの個人の行動を見せていただくと、次のように設定されているケースがあります。

【個人目標：売上を10％上げる】に対して、
- ●受注を３月までに10件、６月までに20件増やす
- ●新規のお客様を毎月３件受注する
- ●リピートの注文を毎月もらうようにする

　これでは、「行動」ではなく、「成果」を少し詳しくしただけです。しかし、こうしているケースがとても多いのです。

　こうなってくると、「受注を３月までに10件」達成するためには、どんな具体的行動をするのかが、結局は抜け落ちたままです。

　では、今日これからどんな行動をするのか、といわれても何も答

えられず、あいまいなまま、成果を追いかけている状態です。

　必ず、何をするのかという、目に見える行動レベルで書き出せる
ようにしましょう。

　そして、その行動をすれば、掲げた目標に近づいていくという「必
要十分」な内容かどうかも、チェックできるようにしてください。

▶⑤行動目標を書き出して日々チェック！

　最終段階は、いままでつくってきた、次の４つの項目をまとめる
作業となります。
①理念・仕事の目的
②組織の目標
③個人の目標
④目標につながる行動

　これらを材料にして、たとえば一枚のシートにする、手帳の１ペ
ージにする、エクセルのフォーマットをつくる、グループウェアの
個人ページに作成するなど、形はどんなものでもかまいません。

　ただし、できるだけシンプルにして、すぐにパッと確認できるよ
うにしてください。

　２−８項で説明した「行動コスト」をもう一度、確認しましょう。

　人は、目的にたどり着くまでの手間がかかればかかるほど、行動
をしなくなってしまいます。

　行動目標を形にしたけど、ロッカーを開けてファイルを開かない
と中身が確認できない、とか、パソコンを立ち上げてパスワードを
入力してログインしないとたどり着かない、などとなっていると、
結局はシートなどをつくっただけで、その後ほとんど見なかった、
ということになってしまいます。

　行動目標を書き出したもののイメージは、次のような感じになり
ます。

理念・仕事の目的		
私たちの理念は、子どもたちを笑顔にすること。 私たちはこの商品とともに、子どもたちに幸せを届けます。		
今期の組織の目標		
売上10%アップ	利益5%アップ	アルバイトリーダーを3名育成
個人の目標		
A：個人売上 　　10%アップ	B：個人利益 　　5%アップ	C：アルバイトリーダー 　　1名育成
目標につながる具体的行動		
①毎日、1件は新規のお客様に提案書を出す	①ムダな経費を洗い出し、レポートをつくる	①社員の業務マニュアルの5章までを教える
②商品知識の勉強を週に1時間行なう	②過去のお客様全員に、手紙を書く	②一緒のシフトに入るのを前期の半分に減らす
③専門用語をなくしたパンフレットをつくる	③利益率の高い商品を、HPの上段に持っていく	③毎日30分ほど、業務の手順を教える

　形とか体裁などはもちろん、使いやすいように改良していきましょう。もし、いま現在、人事評価制度を導入していないのであれば、まずはこの程度からでかまいません。

　ここに書かれた項目を、日々確認しながら、どれだけ取り組むことができたか、実際にどれくらい行動したか、目標はどれだけ達成できたか、を評価実績としてまとめるようにしましょう。

5-3 評価制度を運用する

●評価制度は使わないと意味がない

こうしてつくった「ミニミニ評価制度」は、当たり前ですが、使わないと意味がありません。使いやすくするために、可能な限りシンプルにしているのです。

ここで決めた「具体的行動」は、業績向上につながる「望ましい行動」となっているものです。

要するに「使ってナンボ」なので、「運用する」ことがやはり大事ですが、では、「運用する」というのは、具体的にはどのようなことをいうのでしょうか。

スケジュールどおりに進めることや、期日までに提出すること、滞りなく書けること、などではないので要注意！「運用する」というのは、**本来の目的につなげていくこと**なのです。

この「ミニミニ評価制度」では、望ましい行動を、ＡＢＡマネジメントにより強化して、どんどん増やしていくことを最重要としています。

そこで、より具体的に、たとえばこれを一枚のシートとして紙ベースで作成したときに、どのように「運用」するのかを見ていきましょう。

時系列でイメージして、「期初にやること」「期中にやること」「期末にやること」に分けて説明していきましょう。

期初にやること → 期中にやること → 期末にやること

▶ 期初にやること

　まず、169ページで作成した行動目標をシート化します。

　先ほどの手順を参考にして、今期どんどんやっていってもらいたい行動と、その先にある個人や組織の成果を明文化します。

▶ 期中にやること

　「期中にやること」が、「運用が成功する＝目的につながる」ことにおいて、一番重要です。おおげさではなく、8割ぐらいの重要度があります。

　ここでやることは、日々シートを見る機会をつくり、「きっかけ」として行動を促し、行動をしたことのフィードバックを上司が早めに示すことです。

　放っておいたら、目の前の仕事ばかりに集中し、運用にはなかなか手をつけられない「第二象限」にある目標への取り組みを、このシートを見ることで、上司も部下も「あっ、これをめざしているんだ」と気づくことができます。

　そして、目標につながる行動が起きるように引き出します。

　ちゃんと行動した、うまくできた、というようなことが確認できたら、できるだけ時間を置かずに、即時フィードバックをします。

　再度、お互いにシートを見ながら、「今週はこれに取り組んだ点がよかったよね。こちらは手がつけられなかったから、明日からやるようにしよう！」と、いうような感じです。

　このシートのチェックとフィードバックは、間隔は短ければ短いほどよいので、できれば毎日やっていただきたいところですが、難しいようなら1週間に1回、どんなに遅くても2週間に1回はやってください。

　というのも、「Ｃ：結果」である好子や嫌子の出現が、直前の行動に影響を与えるのは、遅くても2週間程度が限界といわれている

からです。

　それより遅くフィードバックをもらっても、行動変容には効果が少なくなってしまうのですね。

　もちろん、決まったスケジュールのときだけではなく、望ましい行動をしている部下を見たら、その場で「いいね！！」と即時フィードバックすることが、一番その行動に影響を与えます。

　また、ＡＢＣ分析で見ていきましょう。何もないときに比べて、どれだけ行動に影響を与える環境が変わってきているかがわかります。

【制度導入、運用スタート後のＡＢＣ分析】

　Ａ：先行条件　　　　　　　Ｂ：行動　　　　　　　Ｃ：結果

　行動を促し、繰り返させるしくみが、だいぶ構築されてきました。
　いままで、このような取り組みをしてこなかった組織は、日々のシートの確認や、上司からのフィードバックなどを、これだけマメにやることに対し抵抗があるかもしれません。
　実際に、私が携わった企業でも、「ふだんの仕事で忙しいのに、

やってられないよ」といった声を、一部の上司の方から言われることがあります。

しかし、本来、マネジメントをする立場の人であれば、毎日の通常業務よりも、少し先を見すえた人材育成に、自身の仕事の重要度を置いてほしいところなのです。

一朝一夕に、人材育成はできるものではありません。

上司も人事部門も、汗をかきながら泥くさく、うまくいくこと・いかないことを繰り返しながら、少しずつ進んでいくものでもあるのです。

そこには、実直に取り組む上司もいれば、そうではなく、目の前の仕事だけを一生懸命にやっている上司もいます。どちらの上司も必死に仕事をやっているはずですが、時間が経つにつれ、組織の成長に差がついてくるのです。

▶期末にやること

期末には、その期を通した振り返りの材料として使うようにします。
●この内容には取り組めて、ここまでできた
●こちらに関してはほとんどできなかったので、次回は挽回しよう

というように振り返ることから、次回は何に取り組むか、どこまでの基準で個人目標をつくるか、など、次に向けての前向きな取り組みになるような話し合いを、上司と部下でできると非常によいです。

一方で、ダメ出しばかりで終わることのないようにしましょう。「ダメ出し」は嫌子なので、行動したあとに嫌な結果ばかりが出ると、行動自体をしなくなってしまいます。

望ましくない行動に対して、ある程度ダメ出しで嫌子を出すことは、ダメな行動を減らすためにも有効なので、必要に応じてやるべきことではあります。

しかし、そればかりになると、その取り組みや仕事自体が嫌にな

ってしまうので、できるだけ好子が多くなるように努めましょう。

▶給与や賞与に反映すべき？

　給与や賞与に反映させるほうがよいかどうか、といった質問もよくいただきます。

　このシステムは、「評価制度」とはいうものの、本当に最低限のシンプルな内容です。出てきた評価結果を、給与や賞与の額の決定すべてに使うことは、しないほうがよいでしょう。

　「すべてに使う」とは、たとえば評価シートでできたことに点数を付け、「50点になったから別表に従って5,000円の昇給とする」というように機械的に額を決めることです。

　この評価シートの目的は、給与や賞与などの額を決めることではなく、業績向上・組織の目標達成だったはずです。

　給与や賞与の額を決める際に、どれだけ頑張ったか、という要素の一つとしての参考資料程度にとどめるようにしましょう。

　このようにいうと、「給与や賞与にあまり関係がないのであれば、動機づけにはならないのではないか。皆、取り組まなくなるのでは？」という意見をいただくことがあります。

　しかし、よくよく考えていただきたいのです。

　金銭的な報酬を目的に動機づけを図った場合は、金銭的なものに対しての満足度で、その動機づけが左右されるようになってしまいます。「報酬に条件づけ」されてしまうわけですね。

　そうではなく、仕事自体に動機づけを紐づけするのです。

　めざした仕事を頑張っているところを、上司がしっかり見てくれている。見逃さずに承認してくれる。自分の仕事が、その先の目的にしっかりつながっている——といったことで、動機づけを図っていきましょう。

　最も動機づけの起きない職場とは、頑張ってやっても誰も見てくれていない、サボっても気づかれず、指導もされない職場です。

即時フィードバックの大切さ

　ちょっとした豆知識を一つ。でも、けっこう実用的な話です。
　それは、「行動に影響を与える結果の出現は、同時が一番強く、その後、即時から時間が経つにつれ、ほとんど影響を与えなくなってしまう」という法則についてです。

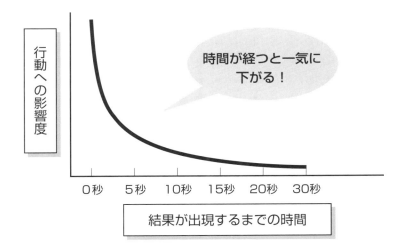

　このグラフは、何かの行動をしたあとの結果の出現（好子や嫌子などの刺激）が、何秒後に出た際に、その直前の行動を繰り返すようになったり、しなくなったりするかということを実験したものです。
　グラフを見ると、行動と同時に結果が出る場合が一番影響を与え、そこから１秒や２秒経っただけでも、急激に影響度は下がってしまいます。
　たとえば、犬にお手を教えるときのことで考えてみましょう。
　最初は辛抱強く、犬に「お手！」というような声をかけ、身ぶり手ぶりで、自分の手に犬の足（手？）を乗せようとしますね。そし

て、お手をしたその瞬間に、「よし、よし！　いい子だ！」と褒めながら、ご褒美のエサを出します。

　この「褒め言葉」（犬は言葉を理解していないが、飼い主が喜ぶ）や「エサ」が、行動の直後に出ることで、お手を繰り返すようになるわけです。

　仮に、このような結果（褒められる、エサ）が、10時間もあとになってから出てきたとしても、お手という行動には、まったく影響を与えられないということです。結果の出現が遅すぎるのですね。

　前述のグラフは動物による実験のものなので、数秒経ってしまうと、ほとんど影響を与えられないのがわかります。

　しかし、私たち人間には、他の動物とは決定的に違う「言葉」というものがあります。

　この言葉があるおかげで、動物では即時フィードバックでないと意味がなかった結果の出現が、あとになっても影響を与えられるようになっているのです。言葉として、「この行動をした」から「この結果が出現した」と関係づけられるのです。

　人に対しての、このような結果の遅延についての行動への影響力に関する実験データはあまりないのですが、一説には、それでも２週間以上経過すると、行動への影響力はほとんどなくなるといわれています。

　頑張って行動した直後に、誰からもフィードバックされないような行動は、強化（弱化）もされにくいのです。

　逆に、頑張った直後に、褒められたり、嬉しい言葉をもらったりすると、その行動は繰り返されるようになります。

　部下のモチベーションを上げることのできる有能な上司は、いつも部下を気にかけていて、褒めることを後回しにはせず、即時に声がけしているのではないでしょうか。

　「見てくれている」という環境が、動機づけの起きる職場なのです。

176

6章

ＡＢＡマネジメント実践編

Applied

Behavior

Analysis

MANAGEMENT

6-1 ケーススタディで ＡＢＡマネジメントを実践していく

◉世の中に多いタイプ別マネジメントの悩み

　この章では、世の中でよく聞かれる、社員のタイプ別のＡＢＡマネジメントによる育成、行動変容をケーススタディとして手順を追って進めていきます（なお、「タイプ別」は、わかりやすくするために使っています）。

　私は外部の人間として、企業の組織を見させていただくことが多いのですが、次に掲げるような社員に対して、管理職がどのように対応したらいいのかがわからず、非常に困っている、というような声をよく聞きます。
- 「ゆとり社員」
- 「ベテランあきらめ社員」
- 「自己主張社員」

　ＡＢＡマネジメントは、人の行動の原理原則にもとづくもので、基本的に、どんな人にも応用が可能です。
　しかし、そうはいっても、どんな人でもすべて同じアプローチで改善できるかというと、現実的にはそうはいきません。
　人による違いというものが存在し、その違いを考慮しながら進めていく必要があります。
　「人の行動は環境によって引き起こされて、繰り返すようになる」というのがＡＢＡ（応用行動分析学）の原則的な考え方ですが、同じ改善策を実施していっても、人によって効果が出る・出ないには差があり、それぞれに適した改善を行なっていかなくてはなりません。

この人の個による差は、やはり「**性格**」があるということなのではないか、といわれることもあります。

たしかに、いわゆる一般的にいわれる「性格」による差というものはあります。しかし、ＡＢＡマネジメントでは、それは「性格」というような先天的なイメージのレッテルでとらえないようにし、「**強化履歴**」と「**文脈**」の違いという考え方をします。

▶「強化履歴」とは

「強化履歴」とは、その人が生まれてきてからいままで、どのようなことに強化されてきたか、という歴史のことです。

人は、数限りない行動の強化を積み重ねて生きています。そして、「強化されることは、その後もより強化されやすい」という現象があります。

たとえば、小さいころに、近所の大人に対し「こんにちは！」と大きな声であいさつをした子どもＫくんがいました。

「こんにちは。おりこうさんだね」と、近所の大人は声を返しました。この返事が好子となって、行動が強化されます。

行動が強化されると繰り返すようになるので、また他の近所の大人に、大きな声で「こんにちは！」とあいさつします。

するとまた、「こんにちは。元気でいいね！」と返してくれて、好子が出現します。

このように、強化される行動はより強化されるようになっていきます。行動するので、機会が生まれやすくなるのですね。

Ｋくんはあいさつをたくさんするようになり、「積極的」で「元気な子」とまわりから言われて、育っていきました。

一方、別のところに、同じように小さいころに近所の大人に「こんにちは！」と大きな声であいさつをした子どもＪくんがいました。

ところが、相手の大人の機嫌が悪かったのか、「うるさい！　大きな声を出すな！」と怒鳴られました。

あいさつしたら嫌な結果が出たため、行動は繰り返されなくなり

ます。嫌子出現による弱化です。

　Jくんが次に近所の大人に会ったときには、あいさつという行動
は起きませんでした。

　あいさつという行動をしないので、それが強化されることもあり
ません。強化される機会がないのです。

　そのまま、自分からはほとんどあいさつをすることのないJくん
は、「消極的」で「元気のない子」とまわりから言われて、育って
いきました。

　兄弟姉妹や双子など、家庭環境、学校環境などが同じで育ってい
っても、いわゆる「性格」が違うというのは、一つにこの「強化履
歴」が違うという要素があります。

　小さいころのほんの小さな差が、機会があるかないかでさらに差
が出て、どんどん大きく広がっていくのですね。

▶「文脈」とは

　もう一つ、個の差で無視してはいけないものが、「文脈」です。
英語では、コンテクスト（Context）といいます。このカタカナ語
で使われることも多いです。

　「文脈」とは、その名のとおり、文の脈絡、つながりととらえる
と、一番わかりやすいかと思います。

　同じ事象を一つとっても、その前後の脈絡、つながりによっては、
大きく意味が変わってしまうということが、「文脈の違い」という
言い方で使われます。

　次の言葉を聞いて、どのようなイメージを持つでしょうか。

　「会えて嬉しい」

　たとえば、次のような文脈のなかでの「会えて嬉しい」はどんな
感じをもたれるでしょうか。

遠距離恋愛のＳ太とＹ美。ともに仕事で忙しく、年末にやっと時間がとれた。駅のホームで電車を待つＹ美。Ｓ太が降りてきた。１年ぶりに会うＳ太の姿を見て、涙で瞳が潤んでいるＹ美が最初にかけた言葉は、「会えて嬉しい」。

では、次の文脈ではいかがでしょうか。

　一人暮らしのＫ子は、仕事帰りの暗い道を、ストーカーに怯えながら帰っていった。「あなたをいつも見ています」という手紙が毎日ポストに入っているのだ。今日もアパートのポストを見ると、手紙が入っていた。なかには「今日は特別の日だよ。後ろを見て」と書いてあった。後ろには見たことのない男が立っていた。目が合ったとき、男は言った。「会えて嬉しい」。

　人によって、それぞれ文脈は異なります。

　過去にどのような経験をしているのか、いま現在の状況の前にはどのような経緯があるのか、それらが異なることで、同じ物事でも、その価値と意味は大きく変わります。

　この章のケーススタディでも、多少は行動傾向が近いと思われる、いわゆるタイプ別のケースを使って、行動変容の例を一緒に考えていってみたいと思います。

　ただし、原則として仮説であり、実際はやってみないとわからない、それには強化履歴と文脈の違いがあるから、ということを頭に入れておいていただきたいのです。

　そのほうが、うまくいかない場合であっても、別の改善案の取り組みなどに切り替えやすいからです。

6章

ＡＢＡマネジメント実践編

181

6-2 「ゆとり社員」のＡＢＡマネジメント例

●ゆとり社員に困っているＥ部長

　阿波一郎は、中堅メーカーＴ社の管理職です。部長に着任してからまだ３年ですが、部下のマネジメントに悩んでいたところ、ＡＢＡマネジメントに出会いました。専門の研修機関で１年間学び、これを身につけ、職場での実践に取り組む日々です。

　試行錯誤しながらではありますが、部下の育成もけっこううまくいっています。

　ある日のこと、同期の管理職Ｅ部長がこんな相談をしてきました。

　「なあ、阿波。お前のところの部下はみな、けっこう頑張り屋がそろっているよな。自律型というか。うらやましいよ」

　「なんかあったのか？」と阿波。

　「いや、実はうちの部署はサービス部門だろ。新入社員を受け入れているんだが、あれだ、ほら、ゆとり世代ってやつ。こちらが指示しないと何もしないんだよ。聞きにもこない」

　「ふーん、そうか」

　ＡＢＡマネジメントを身につけている阿波は、Ｅ部長はレッテルを貼って改善の可能性を見出せていない状態に陥っていると感じ、何とか力になろうと考えました。

　「ちょっと、職場を見学させてもらってもいいか。そのゆとり社員、変えることができるかもしれない」

　「ああ、ぜひ見てくれ。本当にゆとり社員ってヤツは大変だぞ」

　阿波は、Ｅ部長の職場を見に行くことにしました。

　そして、現場を観察するにあたって、Ｅ部長がゆとり社員といっている新人Ｉくんのどこに問題があるのかをヒアリングしました。Ｅ部長があげている点は次のとおりです。

【「ゆとり社員」であるＩくんの問題点】（Ｅ部長がそう感じる）

- こちらから指示をしないと動かない
- 電話が鳴っても最初に取らない
- 帰りに飲みに誘っても断わる
- まわりと競いたがらない
- ＳＮＳで報告してくる

　「あれがゆとり社員のＩくんか」。阿波は半日ほど、Ｅ部長の部署で仕事の状況を観察していました。

　会社からは、阿波部長の最近の部下の育成に関しての評価が高く、他の部署を見て回りたいということにはお墨付きをもらっていたので、堂々と観察できます。

　阿波は、電話が鳴ったときに自ら出た回数、上司から指示が出た回数などを記録するとともに、その前後の環境がどうなっているかを観察していました。

　お酒の誘いのことや、競いたがらないこと、ＳＮＳでの報告は、この半日の観察ではわからないことなので、Ｅ部長に観察してもらって、後ほどヒアリングすることにしました。

　観察したことと、ヒアリングをまとめると、以下のような状況が把握できました。

【半日のデータ】

- 電話に出た回数‥‥‥‥‥‥４回／50コールのうち
- 指示を受けた回数‥‥‥‥‥10回
- 仕事の質問をした回数‥‥‥２回

【１週間のデータ】（Ｅ部長にヒアリング）

- 飲みに誘って来た回数‥‥‥０回／２回
- ＳＮＳでの報告回数‥‥‥‥２回
- まわりと競いたがらない‥‥測定が難しい

阿波とＥ部長はこの記録を見ながら話しました。

阿波「実際に数字にしてみると、たしかに電話には出ていないね。指示待ちに関しては、たしかに指示を受けてから仕事をするという印象はうちの部下よりも強いよ。

　　　ただ、質問も２回ほどしていたよ。そのときの状況がちょっとポイントかなと思うので、あとで見てもらいたい」

Ｅ部長「ありがとうな。こっちの観察だと、私との飲み会については相変わらず行く気がないみたい。はっきり断わられたよ。あと、ＳＮＳでの報告は、私がいないときの帰社の連絡が２回。そんなに多くはなかった。

　　　まわりと競いたがらないのは…うーん、よくわからない」

阿波「世の中のゆとり社員への印象が影響している部分もありそうだね。じゃあ、ここから改善策を検討したいと思う。まず第一に、本当に問題なのかどうなのか、改善が必要なのかのという本質的なところの確認だ」

　阿波は、シート（３−２項の「ＡＢＡマネジメント目的シート」）を取り出して、それに記入しながらＥ部長と話し合いました。

●本当に改善すべきかどうかの本質を考える

　二人の会話の続きです。

阿波「指示をしないと動かない、電話が鳴っても最初にとらない、というままでは、何が問題として大きいのだろうか」

Ｅ部長「そりゃ、これからうちの部の戦力になってもらうのに、電話に出ないと情報は手に入らないし、いろいろな取引先との関係性も把握できない。何より、他の社員が電話に出る時間は、電話に出た社員の本来の業務が滞る。まだ仕事が少ない新人社員が電話に出るほうが、部全体の業務としては効率的だよ。

　　　指示待ちに関しては、うーん、たしかにまだ仕事を自分からはつくれないしな…。でも、チャレンジしてどんどん失敗の経験も積んでほしいんだ。いまのままでは、それが経験できない」

阿波「なるほど。たしかにそのとおりだ。飲みに誘ってもこないこと、ＳＮＳでの報告、競争心などはどうだい？」

Ｅ部長「飲みにこないことは、本当だったらコミュニケーションに関してマイナスかなぁ。ただ、よくよく考えると、Ｉくんだけでなく、ここ10年ぐらいに入社した部下は、飲みにこない社員のほうが多いよ。しかたないね。

　　　ＳＮＳでの報告は、そんなに多くなかったし、自分がやらないだけで、このやり取りでも問題はない。重要なことではないのがほとんどだったよ。競争心は…うーん、勝手な思い込みかも」

阿波「そんな感じだね。よし、では、まずは電話に率先して出ること、指示待ちではなく自分で考えて仕事をすること。この二つを改善することでやっていかないか」

Ｅ部長「たしかに、まずはそれかな。それに、それだけでもできるようになれば、ゆとり世代とはいえなくなるしな。飲みには根気よく誘うけどな（笑）」

●改善すべきターゲット行動を考える

　阿波とＥ部長は、まずは二つの行動がよくなるように、その取り組み方を考えていくことにしました。

①電話に率先して出ること

②指示を待たずに、自分で考えて仕事をすること

阿波「行動を変容して、改善に結びつけるには、まずターゲット行動を設定しなければならないんだ」

　と言って阿波は、何やらシート（3－3項の「ターゲット行動シート」）を取り出して、チェックを始めました。

阿波「『電話に率先して出る』はすでにかなり具体的だ。このままでよさそうだが、多少言い換えて、『電話に一番に出る』とし

ようか。『自分で考えて仕事する』は、少し抽象的かな。Ｉくんの主な毎日の仕事は何だい？」
Ｅ部長「そうだな…。まだ新人だから、データをまとめたり、書面化してレポートをつくったりのルーティンワークが多いかな。
　　　　どちらかというと、ルーティンワーク以外の仕事をやろうとしない、ということが問題なのかな」
阿波「なるほど。では、『定型外の業務に取りかかる』という行動が増えてくればよさそうだね。ターゲット行動はこれでいこう。観察も指導もしやすそうだ。
　　　ただ、この部署では初めての取り組みだし、同時ではなく一つひとつやらせてくれないか。まずは電話からでどうだ」
Ｅ部長「もちろん。任せるよ」

▶ＡＢＣ分析で現状を分析する

阿波「この分析シート（３－４項「ＡＢＣ分析シート」）を見てくれ。実は、だいたいターゲット行動は予測していて、先日、君の職場に行ったときに観察していたんだ」

【現状分析】

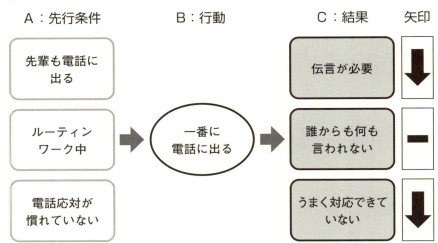

Ｅ部長「なんだ、この図は？」

阿波「これは、ＡＢＣ分析といって、Ｉくんが電話に出る際に、その前の状況がどんな感じか、そして電話に出たあと、どんな結果が起こっているかを図にして表わしたものなんだ。

　　　こうすると、何が行動を引き起こして、どんな結果が、また行動を繰り返させるのかが見えてくるんだよ」

Ｅ部長「なんだか面白いな。これを見ると、図の右側に下向き矢印があるが、この結果のところに、たしかに嫌そうなことが書いてある。これが原因か？」

阿波「まぁ、そんなところだ。よくよく観察していると、電話に出たあと、たいていまわりの先輩への伝言になっていた。それで、まわりの先輩が自分で出たほうが早いから、先輩が先に電話をとる機会が多かったんだよ。

　　　Ｉくんは、先輩が出ないのを確認してから出ていたような感じだった。それに、電話に出たあとに伝言したりしても、まわりからは『ありがとう』とか言われてなかったしね」

Ｅ部長「なるほどな」

阿波「そうだ。電話の受ける際の言葉づかいや、敬語の使い方があまりできてなかったぞ。うまく対応できていないのが、まわりにも聞かれていて、電話に出ると、それが発現してしまうのも、嫌な結果かもしれない」

　阿波は、そのほか、電話の位置とか、きちんとした職場の電話の受け方のルールがないことも指摘し、次のような改善案をつくってきました。

　これは、３－５項で取り上げた「ＡＣ改善アイデアシート」の一部です。

【改善案】

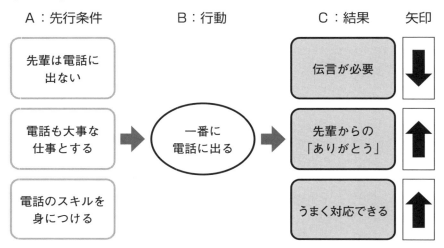

阿波「結果の一番目に出ている『伝言が必要』は、当面変えようはない。でも、そこから先輩が必ず『ありがとう』というようにしてみよう。感謝の気持ちを言われて、嫌に思う人はまずいない。電話に出てよかったという体験をさせるんだ。あと、電話に出る練習を集中してやって、スムーズな言葉づかいや敬語を身につけさせよう。うまく対応できれば、進んで電話に出るかもしれないじゃないか」

E部長「図の右側に上向き矢印が出ているね。伝言が必要なのはしかたがないが、それ以外に『電話に出てよかった』と思わせるものをまわりが行なう、ということなんだな」

阿波「まあ、ざっくりいうとそんなところだ。そのほか、電話に出るのはIくんの仕事だと明確にしよう。先輩は電話に出るのを少し待つ。

　あとは、出やすいように電話の位置も変えておいたほうがいいぞ。手間がかからなければかからないほど、行動してくれるようになるからな」

Ｅ部長は、阿波の案に従って、職場のルールを決め、まわりの上司や先輩に、かならずお礼をいうように依頼しました。

　そして、Ｉくんには、電話が得意な隣の部署の女性社員に、みっちり３日間、指導をしてもらったのです。

　すると、効果はみるみる出てきました。

　まわりが電話に先に出ないので、最初はしかたなく出ていたＩくんでしたが、電話に出ると、先輩から「ありがとうな！　助かるよ」というように感謝の言葉が出るようになりました。

　そして、女性社員の指導のおかげか、Ｉくんは流ちょうに話せるようになり、自分が電話応対を上手にできることに、とても満足気でした。

　いまでは、真っ先に電話に出るようになり、他部署でも、電話応対が上手なＩくんというような評判が聞かれるようになったのでした。

Ｅ部長「阿波、ありがとうな。Ｉくんもすっかり『ゆとり』のイメージからは脱却したよ。行動がこれほどまでに変わるとはな。　　　　もう一つの『指示待ち』の件も、進めたいな。頼むよ」
阿波「そうだな、そっちもそろそろ取り組んでみるか」

▶指示待ちから、自分から仕事をするように行動変容

　阿波は、電話応対と同様の手順で「定型外の業務に取りかかる」という行動を増やす改善に臨みました。

阿波「電話応対のときと同じように、ＡＢＣ分析をしてみよう。まず現状を分析してみて、行動の前後で改善のアイデアを考えてみたんだ」
Ｅ部長「うん、わかった。でも、分析するのが早いな」

【現状分析】

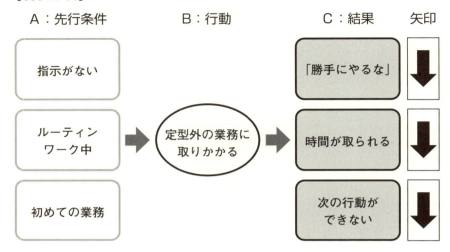

阿波「前に観察したときに、これをつくっていたんだ。こんな感じだよ（上図）。実は、2回ほど、Iくんがいつもの自分の仕事以外のことに取りかかろうとして、質問していたんだ。たしか、別の部署に商品のクレーム対策案を送るというようなことだったな。
　そして、データを引っ張り出そうとして、上司に聞いたところ、上司からはこの図に書いているように『勝手にやるな』と言われていたんだよ」

E部長「本当か!?　誰だそんなことを言った上司は」

阿波「おいおい、犯人さがしはやめようぜ。上司がそのように言ってしまったのも、その行動を引き起こした職場の問題だぞ。問題なのは、チャレンジすることをよし、としていなかった職場の風土にあると考えないとな」

E部長「うーむ、たしかにそうかもしれんが…。まあ、とにかくお前の話を聞くよ」

阿波「ああ、頼むよ。図を見てのとおり、分析してみたら下向きの矢印ばかりだ。実は、昔のうちの部署もそうだったんだ。若い

部下が新しい仕事をしようとすると、まわりは手間がかかるし、本人もうまくできずに、結局は新しいことに取りかかっても、次に何をやったらいいかわからない。まさしく『やらないほうが平和』といった状態に、お互いがなっていたんだ」

E部長「まあ、みんな忙しいしな。とはいっても、いつまでもこんな状態では若手は育たない。どうしたらいいんだ」

阿波「うん。そこで、改善案も考えてみたよ。こんな感じだ」

【改善案】

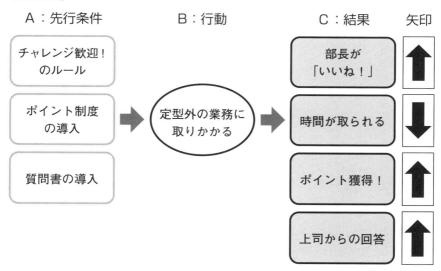

阿波「うちの部署でも実施している、ポイント制度の導入はどうかと思ってな。たとえば、ふだんの自分の担当ではない仕事をしたら、10ポイントがもらえるんだ。ポイントが100たまると、好きなランチをおごってもらえる。お昼にあまりお金をかけられない新人には大きな魅力だぞ」

E部長「ゲームっぽくて面白いな。楽しんで取り組めそうだ。飲みにいかなくても、ランチでコミュニケーションが増えそうだし、帰宅時間が遅くなるわけでもない。いいアイデアだな。俺の財

布が薄くなる以外は」

阿波「それで部下が育つのなら安いもんだ。そのほか、スローガン
　　として『チャレンジ歓迎』を謳い、チャレンジした人には、積
　　極的に賞賛の『いいね！』を送る。そして、やり方がわからな
　　くてとまどっていたようなので、質問シートをつくって、それ
　　に記入して上司に送るようにする。上司もその場の質問ではな
　　いから、対応しやすくなるはずだ。

　　　ただし、時間が取られるのはどうしようもないから、これは
　　下向き矢印のままだが、それ以外のよい結果を用意するといい
　　んだ」

　E部長は、さっそくこの改善案に取り組んでいきました。いろい
ろ手間のかかることも多かったのですが、ポイント制度などは、部
下のメンバーも楽しみながら取り組むようになったのです。

　短期的には、部署のみんなでランチに行く機会も増え、組織内の
コミュニケーションもよくなってきました。

　E部長の個人的な出費はたしかに増えましたが、組織の業績がよ
くなったので、きっとボーナスでその何倍も取り返せるはず…。

　あとは、家庭での小遣いアップの交渉次第でしょうか。

　その後、ポイント制度は、阿波部長の部署でも、E部長の部署で
もうまくいったため、全社的にも取り組むようになったとのことで
す。

6-3 「ベテランあきらめ社員」の ＡＢＡマネジメント例

●定年間近の部下を抱えるＮ課長の悩み

「阿波部長、ちょっと相談があるのですが、聞いてもらえませんか？」

そういってきたのは、阿波の５年ほど後輩で、現在は財務課で課長を務めているＮ課長。何やら、かなり困っている様子です。

Ｎ課長「社内で評判の阿波部長に、手助けしてほしいことがあるんです。実は、うちの課のベテランのＯさんの件なのですが…」

阿波「なんとなく言いたいことはわかるよ。年上の部下をどう扱ったらよいかで困っているんだろ」

Ｎ課長「はい、そのとおりです！　ぜひ知恵をお貸しいただきたくて…。Ｏさんは、あと３年で定年退職です。役職定年で、現在は肩書のない一般社員なんですが、もう、あきらめモードに入っていて、とにかく、仕事をしないんです。このままじゃ評価が下がりますよ、といっても無関心で…。

　　　まわりへもあまりいい影響を与えないので、せめて毎日の仕事だけでもちゃんとやってほしいのですが…。このようなタイプのベテラン社員を動かす方法を教えてもらえませんか？」

阿波「まぁ、大変なのはわかるよ。でも、決めつけて、すぐに改善策に飛びつくのは感心しないな。まずは、実際に状況をしっかり見るところから始めよう。何か原因が見つけられるかもしれない」

阿波は、数日間、職務の分析という名目で、財務課で仕事をすることにしました。阿波のマネジメントの実績が増え、会社からの信

頼も厚くなっています。
　そして阿波は、いつものようにＡＢＣ分析を行ない、１週間後にＮ課長と打ち合わせをしました。

阿波「うーん、Ｏさんはまったく仕事をしないね（笑）。これは、なかなか難しそうだ。」
Ｎ課長「見ていただけるとわかりますよね。やっぱり、あきらめ社員は、もうどうしようもないですかね」
阿波「だから、すぐに決めつけない。まずは、これを見てみてくれ」

【現状分析】

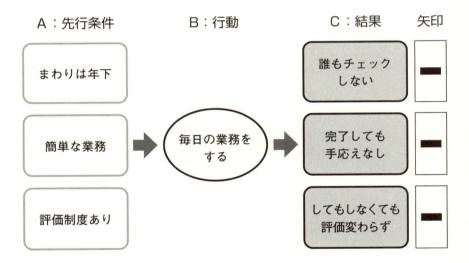

阿波「ほかの部署では、定年間近でも頑張って貢献している社員の方は大勢いるよ。歳を取れば取るほど、行動の変容が難しい傾向はたしかにある。そこで、まわりでできることを、まず考えるんだ」
Ｎ課長「はい。この図が分析したものなんですね。科学的って聞いていましたが、そんなに小難しくはないですね」

阿波「ほめ言葉として受け取っておくよ。こうして現状分析を見て
　　　みると、『業務をする』というものは、本当はもっと具体的行
　　　動がいろいろ重なっているものだけど、この図では、わかりや
　　　すくするために大きくとらえている。
　　　　で、業務をした後に、Ｏさんや、Ｏさんのまわりには、どん
　　　な変化が起きたかわかるかい？」

Ｎ課長「図ではすべて『－』という印になっていますね。これはど
　　　ういうことでしょうか？」

阿波「そう！　本来は、ここに上向きか下向きかの矢印が入って、
　　　行動にどれだけ影響を与えているかを見極めるのだけれど、Ｏ
　　　さんはすべてが『－』になっている。Ｏさんには、よいことで
　　　も悪いことでもないんだよ。言い方は悪いけど、業務をしても
　　　何も刺激がないってことだね」

Ｎ課長「なるほどですね。でも、Ｏさんには『頑張ったね！』とか
　　　『ここはダメ』とか、言いづらいですよ。20歳以上も先輩です
　　　からね」

阿波「きっと、以前はそのような上司からのフィードバックがあっ
　　　たと思うよ。それで行動は強化されていた。それまで強化され
　　　ていたものが、よい結果が出なくなってしまうと、行動は消去
　　　されてしまうんだ。アメとムチではなくて、アメとアメなし。
　　　いまはそんな状態なんじゃないかな」

Ｎ課長「こちらが気を使いすぎですかね。給与が少なくなったから
　　　って、簡単な仕事ばかりを与えすぎってことでしょうか？」

阿波「もちろん仮説だけれど、その可能性はありそうだね。
　　　　ところで、改善案も考えてみたんだ。ちょっと見てくれるか
　　　い」

【改善案】

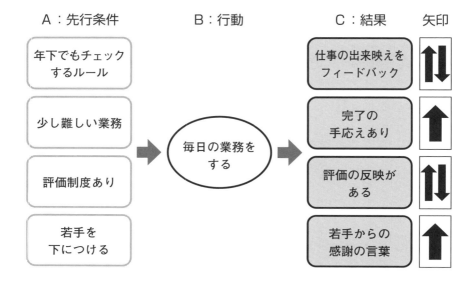

阿波「本人ではなく、私たちまわりでできることを、変えていってみよう。まずは、いまの環境を変える。〇さんの仕事は、君が必ずチェックする。そして、少し難しい業務を依頼するんだ」

N課長「それは、もちろんやります。最初は嫌な顔されそうな気もしますが…」

阿波「管理職の仕事だからね。それと、評価を反映してもらうのは、人事部にお願いしてみる。役職定年者だからといって、評価をしないのはおかしいからね。評価制度は、ちゃんと使えば、行動に大きな影響を与えられるんだ。

　それと、誰か若手社員を〇さんの下につけて、どんどん仕事を『教えさせて』あげたらどうだろうか」

N課長「そうですね。〇さんは知識もあるし、ちょっと話しかけづらいところはあるけれど、面倒見はよさそうですし。〇さんに『教える役割』という新たな業務を発生させるということですね。やってみます！」

N課長は、阿波と打ち合わせをした内容を、実直に一つずつ実施していきました。

　仕事が増えたり、チェックされたり、難しい仕事を与えられたりで、Oさんは、最初は嫌な顔をして、グチもいったりしていました。

　しかし、難しい仕事をしたあとに、まわりから「さすがOさん！」と言われたり、若手の社員から、いろいろと教えてほしい、と聞いてきて答えるたびに「ありがとうございます！」と声をかけられるなどして、Oさんもだんだんと自ら業務に取り組むようになっていきました。

　人事部でも評価制度を変えて評価対象者を広げてくれたため、このままだとOさんはよい評価になりそうです、ともN課長は阿波部長に話しました。

　改善がよい感じで進んでいる状況です。

N課長「阿波部長！　Oさんが、何やら前より生き生きとしてきましたよ。教える役割とか難しい仕事とかが、逆にやりがいになっているような感じです。前向きで積極的な方になってきました！」

阿波「それはよかった。引き続き環境を分析しながら、見ていこう」

　阿波は、N課長のいまの発言が循環理論によるレッテル貼りばかりなのに苦笑しながらも、行動が変われば人間性の見方も変わるということを、あらためて確認できたので、嫌な気はしませんでした。

6-4 「自己主張社員」のＡＢＡマネジメント例

▶権利や自己主張ばかりの若手社員の改善

「阿波部長！ もう私、あの人、嫌です。なんとかしてください！」
　血相を変えて、営業事務職の女性管理職であるＲ主任が助けを求めにきました。

Ｒ主任「うちに異動してきたＨさんですが、わがまますぎます。ちょっと懲らしめてもらえませんか。阿波部長は人の扱いが上手だってお聞きました。お願いします！」

阿波「Ｒさん、まあまあ落ち着いて。Ｈさんは10年目ぐらいの中堅社員だよね。そういえば今年、営業部に異動したね。具体的にどんな問題を起こしているのか、詳しく教えてもらえるかな」

Ｒ主任「ええ、わがままなんです。あと自分勝手！ 自分中心というか、自己主張ばかりというか…。とにかくわがまま！」

阿波「…（苦笑しながら）わがままなんだね。では、Ｈさんのわがままで一番困っていることはなんだろう？」

Ｒ主任「急に有休を取るというんです。前日夜とかに。急には困りますっていうと、『労働者の権利だから』とか主張するんですよ。そりゃあそうですけど…、でも、まわりに負担がきて、業務に支障が出ています。あと、私が仕事をお願いしたりすると、『それは僕の仕事じゃないね』とか言うし。チームで仕事をしているのだから、本来の業務ではなくても、手伝ってくれるべきじゃないんですか？」

阿波「まあまあ…。少しわかってきたよ。一度状況を観察してもいいかな。それで見えてくることもたくさんあるからね」

Ｒ主任「ぜひ、お願いします！ わがままな性格って変わらないとは思いますが、このままだとまわりの社員が疲弊しちゃって…」

阿波はまた会社の許可をもらって、部署の職務の洗い出しという名目で、いることの違和感なく１日、営業部の観察をしました。
　人がどうしてその行動をするのか、逆に行動しないのかを見つけるには、何はなくともＡＢＣ分析です。観察したものをＡＢＣ分析シートに落とし込んで、Ｒ主任と打ち合わせをしました。

Ｒ主任「観察されてわかったと思いますが、Ｈさんってわがままですよね⁉　ホント、親はどういう育て方をしたのかと思って…」
阿波「ははは。たしかに親の育て方は、その人の強化にいろいろな影響はあるけれどね。でも、それよりも現在の職場で何が起こっているかを見て、改善策を考えるほうが建設的だと思うよ。これを見て一緒に考えよう」

【現状分析】

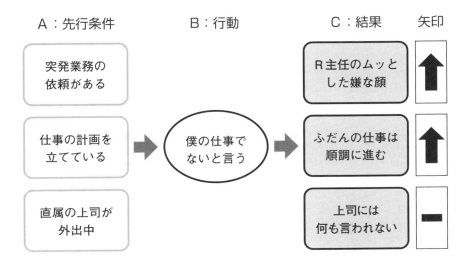

阿波「これは、行動のＡＢＣ分析といって、行動の前後の状況を見るためのものなんだ。観察していると、たしかにＨさんは、『それ、僕の仕事でないので』ということが多かったね。まわりの

士気を考えても、やはり望ましくないものなので、できるだけ
言わないようにさせたい。

　まずは、これをターゲット行動として取り組んでみよう。望
ましくない行動を減らす、という行動変容に取り組むんだ」

R主任「ありがとうございます。この図を見ると、私がムッとする
　ということに上向き矢印がついているのですね。上向き矢印っ
　てことは、これが相手によいことになっちゃっている、という
　ことなのでしょうか？

　嫌な顔をすれば、やらなくなるような気がするのですが…」

阿波「なかなかいいところに気がついたね。そう、ふつうに考える
　と、嫌な対応をされると、その前の行動は減っていくものと考
　えがちだ。でも、これは主観による間違い。実際に、R主任が
　嫌な対応をするたびに、Hさんの行動は増えている。『ムッと
　した嫌な顔』は、実はHさんにとっては、よい結果で、その反
　応がほしくて行動していると考えられるんだ」

R主任「えー！　そうなんですか。ムッとした嫌な顔をされたら、
　嬉しいなんて…。あっ、でもそういう趣味な人とかもいますよ
　ね」

阿波「嫌な顔かどうかということよりも、反応することで行動が強
　化されることは、とてもよくあることなんだ。学校の生徒なん
　かは、先生を怒らせて注目を得ることで、どんどん行動がエス
　カレートしていったりする。けっこう、世の中にはよくあるパ
　ターンだよ」

R主任「じゃあ、ムッとしたり、嫌な顔をしなくすると、いいのか
　な？」

阿波「そのとおり！　これは『消去』っていうのだけれど、それま
　で強化されていたよい結果が出なくなると、行動しなくなって
　くる。その改善策を考えてみよう。

　ただし、気をつけてほしいのは、反応しなくしたら、一時的
　だけれども、もっと激しくわがままを言ってくる時期がある。

そのときに、我慢しきれなくて、反応してしまうと、よりわがままが激しくなってしまうから、要注意なんだ」
R主任「わかりました。阿波さんを信じて、無反応を通してみます。……でも、こう考えると、Hさんって子どもっぽい感じですよね」
阿波「まぁ、それもレッテルを貼っていることなんだけどね。でも、そういう行動傾向はあるようだね。あと、まずい行動は上司からちゃんと注意するようにもしておかないとね」

【改善案】

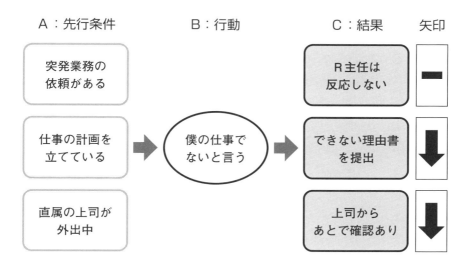

　R主任は、阿波部長にいわれたとおりに、「僕の仕事ではない」などとわがままを言ってきたときには、無反応でいました。
　すると予想どおり、一時的に何度も何度もしつこくからんでくる時期がありました。しかしR主任は、「いいかげんにしてよ！」と言いたい気持ちをグッとこらえて、反応せずに黙々と自分の仕事をし続けました。
　そうすると、だんだんとわがままを言うHさんの行動は減ってい

ったのです。

　そのほか、協調性がないことや、自分勝手な行動など、直属の上司が見ていなくても、事実として上司から確認があったり、依頼に対してできないことを記入する理由書が必要になったりと、わがままをいうと、嫌なことが出現する取り組みも行なっていったため、明らかにHさんのわがままは減ってきたようでした。

R主任「阿波部長、思った以上に効果がありました！　わがままを
　　　言わずに協力してくれることが多くなりましたよ」
阿波「そのようだね。実は、この改善策を実施する前後で、Hさん
　　　がわがままをいう回数を数えてみたんだ。それが、このグラフ。
　　　ちゃんと目に見える改善につながったね」

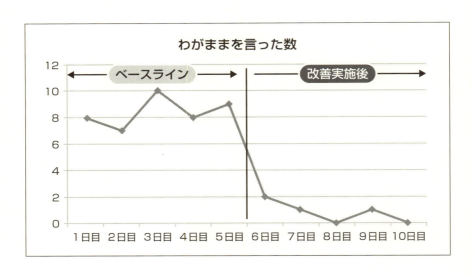

　その後、いまでも「自分の仕事ではないので」という言葉は、Hさんからたまには出てきます。しかし、「やりますよ」という言葉も、かなり増えてきました。R主任は、「たまに笑顔で反応してあげると、喜んでやっています。やっぱり子どもみたいですね（笑）」と話していました。

Break Time

ＡＢＡセルフマネジメント

「自分は意思が弱いから」「甘え体質だから」「だらしないから」
──このように、物事が続けられない原因を自分の内面的なものの
せいにして、自分はダメ人間だ、とレッテルを貼ったりしてはいま
せんでしょうか。

他人だけではなく、自分自身に対しても、攻撃しているだけとい
うことがよくあります。

自己否定や自己嫌悪に陥り、自分自身はもともとそのような人間
なんだ…と落ち込んだりします。

でもこれは、勝手に原因をつくっているだけであって、行動でき
ないのは誰が悪いわけでもありません。あなたも他の人も悪くない
のです。

行動できないのは、ただ単に、いま強化されていない、もしくは
過去に強化されてこなかっただけなのです。

ＡＢＡマネジメントは、行動のしくみを、非常に省略された原理
原則にもとづいて活用するマネジメント手法です。当然、自分自身
にも用いることができるのです。

アメリカのスクラントン大学が、2015年に行なった「新年の抱
負に関する調査」によると、新年の抱負を達成できたという人は、
わずかに８％。残りの92％の人は、途中で挫折したりして達成で
きていません。

つまり、ふつうの人は達成できないもので、できる人のほうが稀
なのです。

なぜ、新年の抱負を達成できないほうが当たり前なのでしょうか。

それは、新年の目標は、１年間何かを継続して頑張ったら成し遂
げられるようなものになることが多いからです。明日やったらＯＫ

というような短期的なものではなく、少し遠い目標なのですね。

すると、緊急度が低いので、ついつい後回しにして、後回しにして、後回しにして…。気づいたらもう12月というわけです。

また、アメリカの「inc.com」というサイトで新年の抱負を達成できた理由を調査した結果、次のようなことに取り組んでいたそうです。

- 目標を具体的な行動にし、無理なく設定した
- 進捗を報告し、フィードバックを受けるサイクルをつくった
- アドバイザーにフォローしてもらった
- 習慣化して繰り返した

達成できた8％の人たちも、まわりの協力を得るなどのしくみをうまく使って成し遂げたことがわかります。

意思や気持ちをいくら高めようとしても、緊急度の低い目標に対しては行動できないもので、それで正しいのです。

きっかけ（Ａ：先行条件）とフィードバック（Ｃ：結果）の環境をつくり、それにより、行動が促され、繰り返されるしくみをつくること——それがＡＢＡセルフマネジメントです。

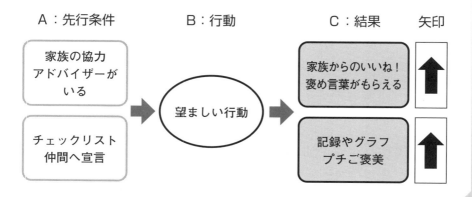

便利なシート集

ＡＢＡマネジメントシートの
使い方

【1】 ＡＢＡマネジメント目的シート

ＡＢＡマネジメントシート　　【1】 ＡＢＡマネジメント目的シート

① 改善したいと思いついたことは何か

② 何のために上記を改善したいのか、改善したら何につながるか

③ ②の目的のためには、他にもっと改善すべきことはないか

「① 改善したいと思いついたことは何か」欄

　この欄には、思いついた「改善したいこと」を記入します。職場でよくある悩みなどが入ります。

　３章では、「部下が報連相を徹底できないので困っている」を記入しました。そのほかにも、「社員の遅刻が多い」「会議時間が長い」「発言が少ない」「コミュニケーションがよくない」などが、職場でよくある例といえるでしょう。

　なお、この段階では、主観的・抽象的な表現でも問題ありません。

「② 何のために上記を改善したいのか、改善したら何につながるか」欄

　この欄は非常に重要です。表に出ていてすぐ気づく、目に見えるものごとと、その奥にある本質的な問題は何か、を考えるための欄です。

　本当に改善したいことが目的です。①で書いたものを変えれば、本当にその目的につながるのかどうかをしっかり検討しましょう。

「③ ②の目的のためには、他にもっと改善すべきことはないか」欄

　遅いエレベーターにクレームがくる問題の改善策で、そばに鏡をつけたらクレームがなくなった、という話がありました（123ページ参照）。

　目につく課題よりも、もしかしたらもっと本質的な改善につながる方法があるかもしれません。②の目的につながるような、他の改善方法などを考えてみましょう。

　この「【1】ＡＢＡマネジメント目的シート」で、何のために改善する必要があるのか、なぜ他の改善策ではなく、この改善策を実施すべきなのかをしっかりと確認して、次に進みましょう。

【2】ターゲット行動シート

| ＡＢＡマネジメントシート | 【2】ターゲット行動シート |

① 改善すること

② 具体的な「行動」を設定

改善につながる具体的な行動は？	デッドマン テスト	ビデオカメラ テスト

③ ②の具体的行動のうち、次のチェックから、ターゲットとする行動を決める

| □目的につながるかどうか | □観察できるものかどうか | □指導できるものかどうか |

【ターゲット行動決定】（優先して取り組む）

「① 改善すること」欄

　シートの一番上の①欄は、「【1】 ＡＢＡマネジメント目的シート」
で目的などをしっかり検討したうえで決定した「改善したいテーマ」
を書き込みます。

　3章では、「部下の報連相を徹底する」というテーマを記入しま
した。

「② 具体的な「行動」を設定」欄

　次に、このテーマをもっと具体的に、目に見えるレベルの行動に
変換する工程に進みます。「部下の報連相を徹底する」という表現
のままでは、具体的な行動まで表わせていません。

　「徹底」しているかどうかは、第三者が客観的に判断することが
できないため、改善できているかどうかが非常にあいまいになって
しまいます。

● 「報連相」とは、具体的には何を誰にどのようにすることなのか
● 「徹底」とは、具体的に何をどこまでやることなのか

　これらについて、具体的行動レベルで表記するためには、「デッ
ドマンテスト」と「ビデオカメラテスト」をクリアする形で、具体
的行動を設定し、ターゲット行動としましょう。

　デッドマンテストとは、「死人にできることは行動ではない」ので、
「死人にできないこと」という条件をクリアできたらＯＫというも
のです（101ページ参照）。

　ビデオカメラテストとは、ビデオカメラで撮影したとして、それ
をモニター越しに見た人が「何をしているかわかる」程度に具体的
になっているかどうか、という目線でのチェックです（102ページ
参照）。

　これらをクリアするように、ターゲット行動を設定します。

【3】ABC分析シート

ABAマネジメントシート　　　　　【3】ABC分析シート

① ターゲット行動（優先して取り組む）

② 現状をABC分析する

※まず最初に「ターゲット行動」を「B：行動」に設定。現状やっていない要素があれば、行動のみでもOK。枠が足りなければ、余白にどんどん書いていきましょう。

A：先行条件　　　　　B：行動　　　　　C：結果　　　矢印

A：先行条件　　　　　B：行動　　　　　C：結果　　　矢印

「① ターゲット行動（優先して取り組む）」欄

「【2】ターゲット行動シート」で定めた具体的行動を、ここに転記しておきます。

「② 現状をＡＢＣ分析する」欄

ＡＢＡマネジメントでの基本となる、現状を分析するための工程です。2段でＡＢＣ分析が書き込めるようになっていますが、これは、ターゲット行動が2つある場合に使ったり、下の段は、「Ａ：先行条件」や「Ｃ：結果」が多くなりすぎて書き込めなくなったときに使うための予備、と考えていただければ大丈夫です。

最初にやることは、現状の環境がどうなっているかの分析です。

真ん中のだ円丸のなかに、ターゲット行動を書き込んで、その前後の状況がどうなっているのかを見ていきましょう。

ＡとＣは、記入する順番にこだわらなくても大丈夫です。書きやすいほうから埋めていきましょう（慣れるまでは、Ｃの結果からのほうが書きやすいと思います）。

行動の前後で起きていることは、一つだけではなく、複数の環境が必ず存在します。

Ｃで出現する結果も、行動を強化するような好子もあれば、弱化する嫌子も両方、表われていることがあります。

右側の「矢印」の欄には、上向き矢印「↑」（強化する結果）か下向き矢印「↓」（弱化する結果）、もしくは「−」（どちらでもない）を記入し、太さや大きさで影響力などを表わします。

このＡＢＣ分析をしっかり行なうことで、行動を決めている原因が見つけやすくなり、そこから改善案を出すことにつながります。

211

【4】 ＡＣ改善アイデアシート

ＡＢＡマネジメントシート 　　　**【4】 ＡＣ改善アイデアシート**

① ターゲット行動（優先して取り組む）

② 「Ａ：先行条件」と「Ｃ：結果」のアイデアをたくさん出す

※ＡＢＣ分析シートと全く同じ「Ｂ：行動」を書き込みます。
　ＡＢＣ分析シートを見ながら、今度は行動が強化される「Ｂ」がどんどん出
てくるようにする「Ａ：先行条件」と「Ｃ：結果」のアイデアを出しましょう。

Ａ：先行条件	Ｂ：行動	Ｃ：結果	矢印

Ａ：先行条件	Ｂ：行動	Ｃ：結果	矢印

「① ターゲット行動（優先して取り組む）」欄

「【2】ターゲット行動シート」で定めた具体的行動を、ここに転記しておきます。

「② 「Ａ：先行条件」と「Ｃ：結果」のアイデアをたくさん出す」欄

フォーマット自体は、「【3】ＡＢＣ分析シート」と同じです。書き込んだ「【3】ＡＢＣ分析シート」を見ながら、このシートの空白部分に、行動を強化するような（もしくは弱化するような）アイデアをどんどん書き込んでいきます。

本人にしかできない「Ｂ：行動」には、ターゲット行動を書いておきます。

まわりで自由につくりだすことのできる「Ａ：先行条件」と「Ｃ：結果」に、たくさんのアイデアを出していくシートなので、「ＡＣ改善アイデアシート」という名前になっています。

アイデア出しは、一人で考えるよりも、多くの人からたくさんのアイデアをもらうほうがよいことは間違いありません。

職場の研修的な役割も兼ねて、職場のみんなで、よりターゲット行動が起きやすいような「しくみ」はつくれないか、とアイデア出しを行なうのも非常に効果的です。

ふせんにマジックなどで、それぞれたくさん書き出してもらって、それをホワイトボードやテーブルに貼り出して、意見を出し合いながら決めていく方法がとてもお勧めです。

自分たちで決めた取り組みなので、遂行度も高くなるはずです。

このシートでは、「みんなで望ましい行動が起きる職場をつくっていく」ということを実現していきます。

【5】改善実施シート

| ＡＢＡマネジメントシート | 【5】改善実施シート |

① 「Ａ：先行条件」での取り組み事項の検討

	Ａ：先行条件アイデア	楽しいか どうか	負担は 少ないか	継続 できるか	コストは 少ないか
1					
2					
3					
4					
5					
6					
7					
8					

② 「Ｃ：結果」での取り組み事項の検討

	Ｃ：結果アイデア	楽しいか どうか	負担は 少ないか	継続 できるか	コストは 少ないか
1					
2					
3					
4					
5					
6					
7					
8					

「①「Ａ：先行条件」での取り組み事項の検討」欄
「②「Ｃ：結果」での取り組み事項の検討」欄

　たくさん出したアイデアを、実際に実施できるレベルで考え、選択するためのシートです。

　まず、このシートの左側の欄に、出してきたアイデアを転記します。そして、その取り組み事項を実施する際に重要視することにより、優先順位をつけていきます。

　たとえば、次にあげる目線から、「◎・○・△・×」などを付けて検討します。付け方は、組織によって変わってＯＫです。
１）楽しめるものかどうか
２）実行する側、される側に負担がかかるものか
３）継続して取り組めるようなものか
４）コスト（お金・時間・労力など）が必要になるものか
　この４つを検討するための優先要素は、もちろん変えてもかまいません。その組織において、重要であるという価値基準を用いて、優先順位をつけていってください。

　取り組み施策は、一つだけに絞る必要はなく、コストがかからず、すぐにできるようなものであれば、複数の施策を同時にスタートさせても大丈夫です。

　大事なことは、ここで決める取り組みは、「**やってみないとわからない**」ということです。

　これを頭に入れておかないと、うまくいかない理由を「うちには向いていない」とか「意識が低いから続かない」というような、個人に攻撃が向いてしまうことになりかねません。

　しっかりと、行動が増えていく（もしくは減っていく）かどうかを見極めながら、実施していきましょう。

【シート類のダウンロードアドレス】

　３章「ツールを使ったＡＢＡマネジメントの手順」で紹介した、ＡＢＡマネジメントを行なう際のシート類の使い方について、つけ加えておきます。

　シート類はすべてマイクロソフトのワードファイルで作成しています。

　私が代表を務める法人のサイトに、この本のご購入者特典としてダウンロード用のページを設けています（サイトからのリンクはありません）。

　お名前とメールアドレスのご登録をいただければ、自動的にダウンロードのご案内が届きますので、そちらからダウンロードいただき、ぜひ活用してください。

---

http://j-aba.com/tokuten/

　その際には、ぜひ、本書のご感想などもいただければ、大変に嬉しいです。何卒よろしくお願い申し上げます。

おわりに

　本書を手に取っていただき、ほんとうにありがとうございました。
　「ＡＢＡマネジメント」という、まだ世の中には知れわたっていないものを、このように書籍として発刊できたことをとても嬉しく思っています。
　本書執筆に際し、多くの方にご協力をいただきました。
　特に、執筆のスケジュール調整をしていただいた編集の小林良彦さん、校閲を手伝ってくれた事務所のスタッフ、ＡＢＡを一緒に学んできた社団法人のみなさん、そして、朝方まで執筆作業をしていた私を精神・健康の両面で支えてくれた妻。
　この場を借りて感謝の気持ちを伝えたいと思います。ほんとうにありがとうございました。

　私は、「Ａ４一枚評価制度と組織のためのＡＢＡ」というブログを書いています。そして、そのブログでは「人気記事」というものが表示されるようになっています。
　その人気記事で一番になっているのが、「**椅子にロープで縛られた女性の話**」という記事です。
　以前、誰かに聞いたか、何かの本で読んだのか不確かなのですが、とても印象深く覚えている話です。
　その内容をちょっと紹介させてください。

　少し昔の話です。
　一人にすると暴れ出して、自傷行為をしてしまう若い女性がいました。体が大きくなるにつれ、この暴れることがよりひどくなり、家族で抑えつけることも難しくなりました。

そのため、若い女性はいつもロープで椅子に縛りつけられていました。悩んだ家族は、行動の専門家に何とかしてくれないかと依頼しました。
　そして、ある行動分析家が、この女性の行動変容に取り組みました。
　そのやり方は、椅子から立ち上がって暴れ出すと電気ショックを与える、というものでした。
　嫌子出現による弱化です。

　嫌子を使っての行動変容は、他の行動も減るなど副作用もあり、あまりよくないとはいわれますが、しかし即効性があります。ただちに目の前の問題行動を減らすことに関しては効果的です。

　これを続けていくと、日に日に椅子に黙って座っていられる時間が長くなってきました。
　しかし、その話を聞いた、あるまわりの心の専門家（精神科医やカウンセラー）といわれる人たちが猛反発しました。

「そんなやり方は人道的ではない」

「彼女には愛情が足りないのです。もっと愛情をもって接するべきだ。たくさん抱きしめてあげてください」
「腫れものにさわるような扱いをしてはいけません。心から彼女を信頼することが大事です」

「潜在意識を変えなければいけません。常に、大丈夫と言葉をかけて意識を上書きしましょう」

家族は電気ショックを受けている彼女を見て、たしかにかわいそうだと思い、この専門家たちの言うことを聞くことにしました。

行動分析家による電気ショックによる介入は中止されました。

……それから20年経った現在。

いまでも彼女は、椅子にロープで縛られたままになっているそうです。

　ＡＢＡ（応用行動分析学）は、批判されることが多い学問です。

　ＡＢＡは、人の行動を変容させることには、非常に強力に効果を発揮します。そして、そのやり方においては、心のなかは考えずに、前後の環境への介入という形をとります。

　そのためか、外から行動をコントロールしているという印象をもたれることもあります。

　尊厳ある人の行動を、自由意思を尊重せずに、外から変容させるというのはどうなのか、というような批判を受けることがあります。

　人の心、性格、気持ち、意識——これらはとても尊いもので、目に見えないからこそ、大事だといわれます。

　それをＡＢＡは否定する学問では決してない、ということをわかっていただきたいのです。

　心を否定するのではなく、行動の原因が心にある、という認識から、行動の原因は環境にある、ということが真理だと主張する学問なのです。

　ただ、どちらが正しいとか、そのようなことは、あまり重要ではないと個人的には思っています。

大事なのは、「何が、その人をよりよくさせるのか」ということではないでしょうか。

　心のなかを原因とするのは、とても楽で簡単なことです。

　望ましい行動ができない他人に対して、意識が低いからだ、といえば、まわりも本人も否定できず、それが原因だという感じになります。

　そして、望ましい行動をしてもらうために、意識を高めるような教育やしつけをします。

　それがうまくいけば、「意識が高まった」となり、うまくいかなければ、「まだまだ意識が低い」といわれるのです。

　結局は、結果論でしか語られず、うまくいかない人は、まわりから「もっと意識を高くしろ」といわれ続け、自分自身に対しても攻め続けることになります。

　「まわりの人 VS 個人」の図式です。

　ＡＢＡの考え方では、行動は、環境との相互作用のなかで制御されると考えます。

　うまくいくのは、環境との相互作用がよい状態であり、うまくいかないのは、それがよくない状況だから、となります。原因は、個人ではなく、環境にあるのです。

　そのように考えると、改善するためには、個人を何とかしようという考えにはならず、環境を何とかしようという考えになります。

　「携わる人皆 VS 環境」の図式です。

　携わる人が皆で、どうしたら望ましい行動が起きるようになるのか、逆に、望ましくない行動が減らせるのか、それを考え、取り組むのです。

　個人の内面を原因にし、それを追及していくよりも、よほど建設的で、前向きに改善に取り組めるのではないでしょうか。

220

「うまくいかないのは、まだまだ愛情が不足しているからです」

　先ほどの、椅子で縛られた女性の話では、本人も苦しんだまま、そして家族もこの言葉にずっと苦しめられるのです。

　ＡＢＡマネジメントのめざすものは、より現実的で、より改善につながることへの取り組みにより、人の生活の質の向上を実現することです。

　人材の育成に関して、いままでのやり方では、なかなかうまくいかずに悩まれている方に、ＡＢＡマネジメントというアプローチもあることを知っていただけたら、と願っております。

　そして、ＡＢＡマネジメントを活用することにより、一人でも多く、より望ましい行動ができる人が増えていけば、こんなに嬉しいことはありません。

　最後までお読みいただき、ほんとうにありがとうございました。

著　者

【著者活動企業】

株式会社 Millreef

http://millreef.co.jp/

企業のモットーは「見える行動・測れる向上」

<事業内容>

● 「Ａ４一枚評価制度®」の導入・構築・運用コンサルティング。中小企業の業績向上に特化したＡ４一枚でマネジメントを行なう人事評価システム。公平性・納得性は捨てて、成果に結びつく行動をどんどん引き起こすことを狙いとしている点が特徴。

一般社団法人行動アシストラボ

http://aba-labo.org/

ＡＢＡ（応用行動分析学）第三の学びの場として、もっと身近に勉強・実践してみたいという人たちへプラットフォームとしての機関。

<事業内容>

● 応用行動分析学に関する研究
● 勉強会、セミナーの開催

一般社団法人日本ＡＢＡマネジメント協会

http://j-aba.com/

ＡＢＡマネジメントに関する研究や勉強会、コンサルティングの実施。

<事業内容>

● ＡＢＡマネジメントコンサルティング業務
● ＡＢＡマネジメントの講座開催
● ＡＢＡマネジメント講師育成

【参考文献】

『応用行動分析学』（ジョン・О・クーパー、ティモシー・Ｅ・ヘロン、ウィリアム・Ｌ・ヒューワード著／中野良顯訳）

『行動分析学入門』（杉山尚子、島宗理、佐藤方哉、リチャード・Ｗ・マロット、アリア・Ｅ・マロット著）

『パフォーマンス・マネジメント－問題解決のための行動分析学－』（島宗理著）

『自由と尊厳を超えて』（Ｂ・Ｆ・スキナー著／山形浩生翻訳）

『行動変容法入門』（レイモンド・Ｇ・ミルテンバーガー著／園山繁樹、野呂文行、渡部匡隆、大石幸二訳）

『子育てに活かすＡＢＡハンドブック』（井上雅彦監修／三田地真実、岡村章司著）

『人を動かす』（Ｄ・カーネギー著／山口博訳）

『一分間マネージャー』（Ｋ・ブランチャード、Ｓ・ジョンソン著／小林薫訳）

榎本あつし（えのもと　あつし）

社会保険労務士。株式会社MillReef 代表取締役、社会保険労務士事務所オフィスネアルコ 所長、一般社団法人行動アシストラボ 代表理事、一般社団法人日本ABAマネジメント協会 代表理事、日本行動分析学会 会員。

1972年、東京都立川市生まれ。法政大学経済学部卒。大学卒業後、ホテルにて結婚式の仕事等に携わる。平成14年、社会保険労務士試験合格。人材派遣会社人事部に転職後、平成17年12月に社会保険労務士として独立。現在は、人事評価制度に関するコンサルタントとしての仕事を主要業務としている。ABA（応用行動分析学）の理論を用いた組織活性化業務を得意とする。

平成27年に出身地でもあり自宅の近くである、東京都福生市にオフィスを移転。妻と娘と猫2匹とともに、趣味の旅行と一口馬主を楽しみながら暮らしている。将来の夢は、猫のトレーニング会社の設立。

著書に『人事評価で業績を上げる「A4一枚評価制度®」』（アニモ出版）がある。

自律型社員を育てる「ＡＢＡマネジメント」

2017年12月15日　　初版発行

著　者　榎本あつし

発行者　吉溪慎太郎

発行所　株式会社**アニモ出版**

　　　　〒 162-0832 東京都新宿区岩戸町 12 レベッカビル
　　　　TEL 03(5206)8505　　FAX 03(6265)0130
　　　　http://www.animo-pub.co.jp/

©A.Enomoto 2017　ISBN978-4-89795-208-6
印刷：文昇堂／製本：誠製本　Printed in Japan

落丁・乱丁本は、小社送料負担にてお取り替えいたします。
本書の内容についてのお問い合わせは、書面かFAXにてお願いいたします。

アニモ出版　わかりやすくて・すぐに役立つ実用書

人事評価で業績を上げる！
「Ａ４一枚評価制度」

榎本 あつし 著　定価 本体2000円（税別）

　人事評価を行なう一番の目的は「業績向上」。そのための人事評価の考え方から、シンプルな評価シートの作成・運用のしかたまでを徹底解説。小さな会社だからこそできる決定版。

管理職になるとき
これだけは知っておきたい労務管理

佐藤 広一 著　定価 本体1800円（税別）

　労働法の基礎知識や労働時間のマネジメント、ハラスメント対策から、日常よく発生する困ったケースの解決法まで、図解でやさしく理解できる本。働き方改革も織り込んだ決定版。

10分の面談で部下を伸ばす法

山根 孝一 著　定価 本体1400円（税別）

　部下のヤル気と能力を引き出すコミュニケーション手法を大公開。この本を読めば、悩めるプレイング・マネジャー、チームリーダーも、必ず部下指導に自信が持てるようになる！

最適な労働時間の
　管理方法がわかるチェックリスト

濱田 京子 著　定価 本体1800円（税別）

　働き方改革が叫ばれるなか、長時間労働を是正するためにも必要な労働時間管理方法の見直しについて、チェックリストを確認していくだけで最適な管理方法が見つかる便利な本。

定価には消費税が加算されます。定価変更の場合はご了承ください。